조선시대 명문가의 여인열전

한문연 여인열전 1

조선시대 명문가의 여인열전
|연산의 광산김씨 문중|

한국문중문화연구원 編

누마루

조선시대 명문가의 여인열전
|연산의 광산김씨 문중|

초판 1쇄 발행　2011년 12월 30일

편　저　한국문중문화연구원
발행인　한정근
발행처　누마루
등　록　제 2011-22호
주　소　대전광역시 서구 만년동 381 엑스포오피스텔 1127호
전　화　042-483-0418
이메일　numaru88@naver.com

ISBN 978-89-967056-1-1　93900
값 12,000원

파본 및 훼손된 책은 교환해 드립니다.

차례

책머리에

유교문화의 전통과 광산김문	최근덕 •	11
17세 청상으로 평생을 헌신한 양천허씨	이철성 •	27
조상 김종서의 신원을 위해 절사한 순천김씨	한기범 •	63
조선 여성의 정절을 드러낸 연산서씨	송백헌 •	105
두 아들을 대제학으로 길러낸 장한 어머니 해평윤씨	설성경 •	123
〈특별기고〉 서포가문 여성 행장문학의 성격	송백헌 •	139

부록1 연산 광산김문의 여인열전 관련유적 ◦ 179
부록2 정경부인 해평윤씨 행장 ◦ 195
부록3 서원부인 청주한씨 개탁서 ◦ 227
주석 ◦ 231
색인 ◦ 241

책머리에

　우리의 전통사회를 대표하는 것은 조선시대이고, 조선시대는 유교儒敎가 지배한 사회였다. 유교는 인간의 가치와 도리를 존중하고, 명분名分과 의리義理를 귀하게 여기는 유가적 가르침이다. 따라서 조선사회는 자연히 명분과 의리를 세세히 따지고 그것의 실천과정에서 예禮를 중시하는 풍조가 문화의 주조를 이루었다. 예치禮治를 이상으로 삼는 사회였던 것이다.
　예禮는 사람이 사람답게 살아가는 생활양식이다. 예禮가 바로 서지 않으면 질서가 바로 서지 못하고, 질서가 바로 서지 못하면 안정된 사회를 만들기 어려워진다. 사회가 불안하면 우리가 추구하는 행복도 그만큼 더 멀어질 수밖에 없다. 따라서 기본적으로 예치주의 자체가 문제가 될 것은 없다.
　그러나 예禮가 그 기본 정신을 잃어버리고 전통적 규제만을 중시하고 형식만을 고수하여 실용實用과 시의時宜를 잃으면 그 의미는 반감되거나 퇴색한다. 그리하여 우리의 유교적 전통사회는 가부장사회·권위주의사회의 유산이라고 비판받거나 배척되기도 한다. 그것은 사람이 사람답게 살아야 한다는 원칙을 부정해서가 아니라, 그 사유방식과 실천방식을 재고해야 한다는 의미를 담고 있다.
　우리가 살고 있는 21세기는 전통과 현대를 접맥하여 새로운 문화질서를 창출해야 하는 시대적 과제를 안고 있다. 따라서 전통에 대한 바른 이해가 선결될 필요가 있다. 전통을 바로 알아야 전통에 대한 바른 비판을 할 수가 있고, 이를 통하여 진정한 의미에서의 전통과 현대의 접맥의 길을 찾을 수 있게 된다. 전통이 모두 틀렸다고는 할 수가 없다. 오히려 오늘을 사는 우리에게 청정한 자극이 되고 나침판이 되는 사례도 얼마든지 있다.

이 책에서는 먼저 가家와 가문家門이 무엇인가를 살피고, 특별히 명문가인 충청도 연산 광산김문의 문화 성향을 개관하였다. 다음으로는 광산김문의 여인들 중에서 특별히 사람의 가치와 도리를 중시하여 후손이나 선조를 위하여 헌신적인 삶을 살다 간 대표적 여인들의 생애와 사상을 글로 엮고, 제목을 '조선시대 명문가의 여인열전女人列傳'이라 하였다.

원래 '열전列傳'이란 사마천의 『사기史記』이래 있어온 기전체紀傳體 역사 기록 양식의 하나지만, 오늘날에 있어서는 저명인물에 대한 전기傳記, 또는 평전評傳의 형식으로 일반화되고 있다. 이러한 전기류는 그 속에 한 인생의 삶이 종합적이고 입체적으로 수록되어 있고, 당시의 시대상황이나 시대의식이 진솔하게 녹아 있어서 인문학적 성향이 매우 잘 드러난다. 오늘날 '인문학의 위기'를 극복하는 대안의 하나로 이 전기류의 복원과 활성화가 꾸준히 요청되고 있는 것도 바로 여기에 기인하는 것이다. 우리의 이러한 '여인열전' 기획도 이러한 시대적 요청과 무관하지 않다.

이 책에 소개된 광산김문의 네 여인은 하나같이 독특한 형태의 삶을 산 여성들이지만, 모두가 전통시대의 시대정신과 도덕적 가치를 유감없이 잘 드러내고 있는 공통점을 지니고 있다. 17세에 청상과부青裳寡婦가 되어 아들을 위해 평생을 헌신함으로써 광산김문의 자랑스런 할머니가 된 양천허씨, 절재 김종서의 7대 손녀로서 조상의 억울한 반역누명을 씻고자 하여 평생을 헌신하고 마침내는 자진한 순천김씨, 병자호란 때 청나라의 침략에 대항하여 자결로써 조선여인의 드높은 정절貞節을 드러낸 연산서씨, 그리고 유복자를 포함한 두 아들을 혼자 힘으로 잘 길러 마침내 두 아들이 모두 대제학大提學에 오르게 한 장한 어머니 해평윤씨(김만중의 어머니) 등이 바로 그들이다.

이들의 헌신적인 삶을 바보스럽다거나 다만 시대의 희생양이라고 치부해버리는 시각이 있을 수 있다. 그러나 어느 시대나 어느 상황에서나 자신의 목숨이 귀하지 않고 자신의 안위가 우선적으로 걱정되지 않는 사람이 과연 몇이나 있을까? 이들은 자신에게 주어진 극한적인 상황을 스스로 몸으로 감내하면서 한결같이 사람의 가치와 도리를 지키려고 애썼던 선비 같은 올곧은 여인들이었다. 가슴을 시리게 하는 이들의 이타적 삶이 우리를 조용히 눈 감고 생각에 잠기게 하고, 또 우리를 가슴 뭉클하게 하는 것은 과연 무엇 때문일까?

책의 말미에는 자신의 행장을 남기고 있는 해평윤씨, 청주한씨, 한산이씨 등 광산김문 여성들의 관련 자료를 보너스로 소개하였다. 여성의 행장行狀(일대기를 적은 글)이 전해지는 경우는 드물고, 또한 왕비가 보내온 언문 서한 등도 희귀한데, 이러한 자료들은 당시 광산김문의 여성문화의 단면을 보여주는 바라 할 수 있다.

끝으로 이 책이 나오기까지 애써주신 분들에게 감사를 드리지 않을 수 없다. 먼저 필자이신 최근덕 성균관 관장님을 비롯하여 송백헌 교수님과 이철성 교수님, 그리고 소설 원고의 일부를 학술논문으로 바꾸어 흔쾌히 보내주신 설성경 교수님과 광산김문의 여인행장女人行狀 원고를 특별 기고하여 다양성을 더해 준 송백헌 교수님께 감사를 드린다. 또한 특별히 감사해야 할 문중이 있다. 광산김씨 허주공파 문중에서는 이 책의 간행을 위해서 간행비의 일부를 지원하여 문중문화 총서 간행의 마중물을 만들어 주었다. 이것은 앞으로 문중문화총서가 계속 발간되는 데 값진 마중물이 될 것이다. 이 자리를 빌려 특별히 고맙다는 뜻을 표하는 바이다. 또한 선명한 사진 자료를 지원해 준 류용환님에게도 고맙다는 말을 덧붙인다. 또 연말에 휴일도 반납하고 정성을 쏟아 예쁜 책을 만들어 준 누마루 출판사의 직원들에게도 고마움을 전하고 싶다.

2011년 12월 일
한국문중문화연구원장 **한기범**

조선시대 명문가의 여인열전

유교문화의 전통과 광산김문

최근덕
성균관 관장

1. 유교전통과 기家 그리고 문중門中
2. 연산의 광산김문
3. 사계 선생과 신독재 선생
4. 광산김문光山金門의 출중한 여성문화

1. 유교전통과 가家 그리고 문중門中

1) 가家와 문중門中의 개념

『대학大學』의 팔조목八條目에서 핵심이 되는 것은 다름 아닌 '수신修身'과 '제가齊家'이다. 그것은 '몸을 닦아(修養) 집안을 가지런히(整頓)하는 것'이다. 중국의 경전들에서는 '문중門中'이라는 말은 쓰지 않는다. '문중'이란 일족一族 즉 동성동본으로 가까운 족속族屬을 뜻하는 우리식 표현이다.

유교전통에서는 우리나라의 '문중'의 의미가 "가家" 또는 "가통家統"으로 일컬어진다. 그러면 가통으로 연면히 이어지고, 예속禮俗으로 궤도를 삼은 전통사회의 "가家"는 구체적으로 무엇인가?

(1) 가家는 부부를 단위로 한 집단이다.

유교의 고전인 『주례周禮』에 "상지上地(즉, 좋은 등급의 토지)를 주는 집은 가족이 7인이어야 한다."¹⁾라고 했고, 그 주注에 "지아비가 있고 지어미가 있은 뒤에야 가家가 된다."²⁾고 했다.

가家는 부부를 단위로 생각하고 있었기 때문에 혼인을 매우 중요시했다. 그리하여 혼인에서 성씨姓氏·문지門地(가문의 지위)·품행品行을 따지고 육례六禮를 갖추는 까다로운 의식절차를 밟았던 것이다. 부부를 '아이 낳는 기본단위(生民之始)'로 생각한 것은 부부를 중심으로 가족이 형성된다는 것을 말한 것이고, '모든 복의 근원(萬福之源)'이라고 한 것은 부부가 가정 운영의 핵심이라는 것을 강조한 말이다. 흔히 조선시대의 가정을 가부장제家父長制라고 해서 부부란 개념은 그 속에 매몰시켜 버리는 경향이 있지만, 이는 형식[形態]을 강조한 나머지 내용[實體]을 간과한 결과일 뿐이다. 물론 가정 내에서의 의사 결정은 가장 어른이 되는 이의 결정이 중시되었다. 가정에서 가장 어른이 되는 이는 주로 남자지만 때로는 여자일 경우도 있었다. 홀로 된 증조모·조모 혹은 종부宗婦가 중요한 가문사家門事에 결정권을 행사했고, 그렇지 않더라도 이들에게 의견을 품한 후 최후 결정을 했다. 왕가王家에서의 대비大妃의 섭정攝政도 맥락이 이와 같다고 할 것이다. 그러나 이렇게 가정이 가장 어른 되는 이의 지휘 감독을 받기는 하지만, 가족의 중심은 어디까지나 부부 단위이고, 부부에 의해 가정이 성립된다는 의식은 확고했다.

(2) 가家는 가통家統을 뜻했다.

"가家란 대대代를 잇는다는 말이다."3)라고 했다. 가家는 가통家統을 뜻하였으므로 조상숭배사상이 가정을 지배하고 있었고, 자손에 있어서도 가통을 계승해 갈 남자男子를 선호하는 생각이 확고했다. 가정이란 부부 일대一代에서 그치는 것이 아니라 먼 조상에서 이어져 내려왔고, 다시 오래도록 자손에 의해 계승되어 가는 것이라고 생각한 것이다. 조선시대 사대부의 집안들에 설치되었던 사당祠堂(즉, 家廟)은 바로 이러한 정신의 표징이었다.

(3) 가家는 일족一族 즉, 가문家門을 뜻하기도 했다.

"가家란 일문一門의 안이다."4)라고 한 것이 그것이다. 가家는 동성同姓 가문家門의 한 단위라는 개념을 가지고 있었기 때문에, 여러 혈족과의 공존공영共存共營을 전제로 가정생활이나 사회 활동을 영위했다. 그리하여 가문은 또 친족뿐만 아니라 혼인에 의해 생겨나는 인척姻戚에로 확대되어 갔다.

이 밖에도 가家는 성姓을 뜻하는 등 넓은 의미로도 많이 쓰인다. 본고에서 편의상 전통사회를 '조선사회'로 한정시켜 놓고 본다면, 위에 든 가家의 세 가지 뜻은 고스란히 그대로 적용이 되리라 믿는다. 특히 유교적 가치관이 성별, 계층에 관계없이 사회 일반의 통념으로 정착하기 시작한 조선중기 이후에 있어서는 가정은 바로 이 세 가지 요소를 갖춘 곳이었다.

2) 전통시대 가정家庭의 성격과 순기능

이상에서 살펴 본 가정에 대한 세 가지 측면의 의식구조는 그대로 당시 사회의 윤리관倫理觀으로 표출되었고, 생활습관으로 정착되었다. 그러나 어떠한 생각도 대사회적인 투사에 있어서는 순기능과 역기능을 수반하는 법이다. 전통사회에 있어서의 위와 같은 가족관 역시 긍정적인 면이 있는가 하면 또한 부정적인 폐풍을 빚어낸 부분도 없지 않았다. 그러나 본고에서는 일단 그 순기능을 짚어보기로 하겠다. 그것은 대개 다음의 세 가지로 요약될 수 있다.

(1) 부부夫婦가 가정의 중심이 된다는 생각

이것은 필연적으로 혼인을 중시함과 동시에 여성의 지위에 대해 세심한 배려를 하게 되었다. 특히 후자의 경우는 남성이 대代를 이어가는 주체이고, 사회활동을 독점하고 있어, 상대적으로 여성의 지위가 격하되어 있다는 것을 염두에 둔 배려인지도 모른다. 우리 전통사회에서의 여성의 지위에 대한 배려는 구체적으로 어떻게 정리될 수 있는가?

먼저 여성이 혼인에 의해 성姓을 포기하지 않도록 배려했다. 역사적으로 볼 때 동서고금東西古今을 막론하고 대부분의 민족은 혼인을 하면 여성은 성姓이나 이름에 변동이 있게 마련이었다. 그러나 우리나라의 가정에서는 그러한 습속이 없다. 여성이 지니고 있는 배경과 혈통[門閥]을 아주 존중했고, 그에 대한 상당한 경의와 긍지를 가짐으로써 자기 가정을 돋보이게 하려는 의식이 있었다. 이러한 생각은 여성의 출신지를 자기 가정의 대외적 칭호로 삼음으로써 더욱 노골화된다. 여성은 시집오면서 택호宅號를 가져옴으로써 혼인에 의해 포기한 친정 쪽의 권리를 보상받는다. 예컨대 안동댁, 파주댁 등의 택호宅號가 그것이다.

다음으로 남편이 관계官界에 진출해 출세를 하면 아내도 그에 상응한 권위를 누린다. 조선시대 관작官爵의 품계는 18등급이 있었는데, 문무관文武官의 아내만이 임명되는 부인婦人의 관작은 10등급이다. 즉 정경부인貞敬夫人(正·從一品), 정부인貞夫人(正·從二品), 숙부인淑夫人(正三品堂上官), 숙인淑人(正·從三品), 영인令人(正·從四品), 공인恭人(正·從五品), 선인宣人(正·從六品), 안인安人(正·從七品), 단인端人(正·從八品), 유인孺人(正·從九品) 등이 그것이다. 예를 들면 남편이 정일품正一品(大匡輔國崇綠大夫)·종일품從一品(崇綠大夫)에 해당되는 벼슬을 하면 아내는 정경부인의 직첩職帖을 받고, 그에 상응하는 예우를 누렸다. 가정의 두 기둥인 부부에 대해 똑같은 영광을 부여해서 가격家格을 높여 준 것이다.

다음으로 가정의 경제권이 대개의 경우 여성(아내)에게 있었다. 우리의 전통사회는 농경에 의존하는 농업경제체제였기 때문에 곡물穀物·면포綿布가 통화通貨를 대신하고 있었고, 이의 관리는 아내의 손에 쥐어져 있었다. 쌀독을 지배하는 자가 가정경제를 지배했던 것이다. 집안 곳간(庫間)의 모든 열쇠를 주부가 간직했고, 열쇠의 이양은 곧 가정경제권(살림하는 권리)의 이양이었다. 이러한 재산권상의 우위 내지 동등은 유산상속에도 반영이 되어 있었다. 현재 전해지고 있는 전통시대의 고문서 중 「분재기分財記」를 분석해 보면 우리의 전통사회에서는 적어도 17세기 중엽 이전까지는 철저한 자녀균분상속제子女均分相續制였다. 이에 반하여 이웃나라 중국은 중자균분상속제衆子均分相續制, 일본은 장자독점상속제長子獨占相續制가 주조를 이루었다.

끝으로 가정에서 모권母權이 확립되어 있었다.

자녀에 대해 부부는 동등한 감독권을 지니고 있었음을 알 수 있다. 교육에 있어서도 어머니는 자녀들에게 막대한 영향력을 행사할 수 있었다. 가정 안에서 여성은 아내로서의 권리보다는 어머니로서의 권위를 더 누리고 있었음을 알 수 있다.

(2) 가통의식家統意識

가정이 부부 일대一代에 그치는 것이 아니고 위로 조상이 내려 준 전통을 잇고 아래로 무수한 자손에게 계승시켜 주어야 한다는 생각은 가족 구성원 사이에 가문에 대한 역사의식을 심어주고 굳건한 유대관계를 응결시켜 주었다.

이러한 가통의식은 곧 조상숭배사상으로 발전하여 자기의 뿌리(根本)를 알고 존중할 줄 알게 되었다. 사람은 단독자로 이 세상에 오는 것이 아니라 무수한 고리(環)의 하나로 오며, 숱한 조상이 계셨기에 자기 일신이 존재하게 되었다는 것을 깨닫게 해 주었다. 따라서 자기로부터 다시 무수한 자손이 이어져 내려갈 것이기 때문에 몸가짐을 아무렇게나 할 수 없다는 자각이 생긴다. 오랜 전통을 바탕으로 한 가도家道·가풍家風이 서 있어 가정교육·인격도야가 저절로 되고 가족 사이의 애정과 효孝·제悌의 윤리가 돈독해진다.

(3) 가문의식家門意識

가정을 곧 가문으로 연결 짓는 생각은 유교의 친친이애민親親而愛民5)의 사상, 불교의 인연사상因緣思想과 결합해서 미풍을 이룩해 온 것이 사실이다.

가정은 가문의 일부분이기 때문에 모든 법도와 명예도 직접 연계가 되었으며, 따라서 공동체 의식이 강했고 가정파탄이 있을 수 없었다.

조상을 같이 하는 동족 가문끼리는 예의범절을 함께 하고 상부상조하는 미풍이 있어 가족사이의 화목이 저절로 이루어지고 자녀의 가정교육이 전통에 따라 자연스럽게 이루어졌다.

유교의 사랑을 단계적으로 베푸는 생각, 즉 "우리집 늙은이를 늙은이로 받들어 남의 늙은이에게 미치고 우리집 어린이를 어린이로 사랑해 남의 어린이에게 미친다."6)는 인仁의 정신에 따라 가정家庭 → 가문家門 → 사회국가(修身 → 齊家 → 治國平天下)로 확산되어 갔으며, 사회국가는 가정의 연장이라 생각했다. 예컨대 향약鄕約의 네 덕목을 보면 덕업상권德業相勸(좋은 행실을 서로 권장한다), 과실상규過失相規(허물은 서로 바로 잡아준다), 예속상교禮俗相交(예의범절을 지키면서 서로 사귄다), 환난상휼患難相恤(재난이나 어려움에 있어서 서로 도와준다)로서 가정에서의 덕목이 바로 마을을 순화시키는 정신으로 이어져 있었다.

2. 연산의 광산김문

우리나라에서는 저명한 가문을 삼한갑족三韓甲族이라고도 하고, 벌열가문閥閱家門 또는 명족名族, 명가名家라고 일컫는다. 광산김씨光山金氏는 바로 그렇게 손꼽을 수 있는 우리나라의 대표적인 문중이다.

「광산김씨세보光山金氏世譜」에 의하면 "미리 나라가 장차 어지러워질 것을 알고서 광서동에 자리 잡았으며, 이에 따라 관향으로 삼았다. 자손 중에 평장사가 많이 나왔으므로 마을 이름을 평장동이라 했다."라고 되어 있다(預知宗國將亂 卜居于光西洞 仍爲貫 子孫多出平章 故洞號平章洞). 광서동은 지금의 전남 담양군 대전면 평장리이고, 평장사平章事는 고려시대의 정이품正二品 관직이다.

광산김씨의 시조는 신라 49대 헌강왕憲康王(재위 875년~886년)의 셋째 아드님이신 휘諱 흥광興光이시다. 이로써 보면 광산김씨는 신라 왕족으로 득성得姓하였고, 초기부터 거공거경巨公巨卿을 배출하기 시작하여 왕조 교체기를 겪으면서도 꾸준히 갑족甲族의 지위를 누려 왔다는 것을 알 수 있다.

전통시대에 우리나라에서 명문의 명성을 유지하려면 ① 벼슬이 끊어지지 않아야 하고, ② 글이 끊어지지 않아야 하며, ③ 재산이 끊어지지 않아야 했다. 여기에다 높은 벼슬(高官), 큰 학자(碩學), 많은 재산(巨富) 중 두 가지를 갖추게 되면 그야말로 갑족甲族의 일컬음을 받을 수 있었다.

이렇게 보았을 때, 광산김씨를 우리나라의 대표적인 명문 거족으로 손꼽는 것은 다음과 같은 역사적 내력과 배경이 있기 때문이다.

첫째, 가계적 연원이 신라왕족이었다.

둘째, 성姓을 얻은 후 대대공경代代公卿으로 벼슬이 끊어지지 않았다. 특히 남도南道의 거읍巨邑인 광주光州를 관향貫鄕으로 삼아 확고한 터전을 굳히게 되었다.

셋째, 왕조교체기인 여말선초에 시조 15대손인 정鼎(三重大匡 光城君)의 아들 3형제 약채若采 약항若恒 약시若時가 나와 새 시대의 문을 열어 주었다. 이 분들은 공민왕恭愍王 때 문과에 급제하였는데 조선조에 들어와서 약채는 대사헌大司憲, 약항은 대사성大司成(淸白吏)으로 명망이 높았다. 특히 약시(忠定公)는 태조太祖(李成桂)와 교의交誼가 두터웠으나 황주黃州 산골에 은거隱居하면서 새 왕조에 출사하지 않고 충절忠節을 지켜 두문동杜門洞 72현의 한 분으로 추앙을 받게 되었다. 문중으로 보면 충忠으로 빛을 더하게 되었다.

  넷째, 조선조에 들어와서 거경巨卿 거유巨儒를 잇따라 배출했다. 약채若采의 증손인 국광國光(號 瑞石, 貞靖公)이 예종 때 좌의정에 오르고 아우 겸광謙光은 예조판서로 청백리淸白吏에 뽑혔으며, 증손 개鎧는 호조판서로 역시 청백리였고, 같은 문중의 극성克成은 중종대에 우의정에 올랐다.

  후일 예학을 집대성한 유종儒宗 사계沙溪 김장생金長生은 시호가 문원공文元公으로 국광의 5대손이자 황강黃岡(金繼輝, 대사헌)의 아드님이시다. 사계는 일세의 사표師表로서 그 문하에서 우암 송시열, 동춘당 송준길 등 석학대덕碩學大德이 울연히 배출해 한 학파(畿湖學派)를 이루기에 이르렀다. 그의 학통은 아드님 신독재愼獨齋(金集, 文敬公)에게 전해져 부자父子가 문묘에 배향되는 영예를 누렸다.

  다섯째, 사계는 연산連山(충남 논산시)에 자리 잡아 학문의 터전으로 삼았고, 후손이 크게 번창하여 연산 광산김문光山金門의 일컬음을 얻게 되었다. 또한 아드님 반槃(虛舟, 이조판서)은 6형제(益烈·益熙·益兼·益勳·益煦·益炅)를 두었는데 모두가 준재俊才로 이후 광산 문중을 번영으로 이끌었다.

  조선시대 선비들의 명족명담名族名談에 "한 집안에서 정승政丞 셋이 나와도 대제학大提學 한 사람 나온 집안을 못 당하고, 대제학 셋이 나와도 '선생先生' 한 사람 나온 집안을 못 당한다."는 말이 있거니와 여기서의 '선생先生'은 문묘에 배향된 유종儒宗을 뜻한다. 사계 후손에서 대제학大提學 7명이 나왔고, 사계와 신독재 부자父子는 문묘文廟에 배향되었다. 문묘에 부자가 배향된 것은 전무후무한 일이고, 7명 대제학(3대 대제학도 기록)도 연산의 광산김문光山金門뿐이다.

3. 사계 선생과 신독재 선생

유교문화儒敎文化 전통傳統에서 명문名門의 일컬음은 어떻게 얻을 수 있고 어떻게 이어갈 수 있었을까? 또한 가통家統을 지탱하는 사상적 윤리적 맥락은 무엇이었을까.

이에 대해서는 사계 선생과 신독재 선생의 몇 가지 고사故事를 소개함으로써 첫 번째 시사점示唆點으로 삼는 바이다.

사계 선생과 신독재 선생, 우리 유학사儒學史에 유례類例를 찾아 볼 수 없는 이 명현부자名賢父子는 어떤 일상日常을 보냈을까. 더욱이 신독재선생은 아버지이자 스승인 사계 선생을 어떻게 모셨을까.

신독재 선생의 문집에 수록된 그의「유사遺事」를 보면, 그 대략을 엿볼 수 있는 기록이 있다. 그것은 문인 권극중權克中이라는 분이 쓴 회고담인데, 권극중은 일찍이 석계石溪 최명룡崔命龍에게서 배우다가 석계의 권유로 사계 선생의 문하로 옮겨 온 사람이었다. 그가 연산서당連山書堂으로 온 것은 병오년(丙午, 선조 39년, 1606)으로 임진왜란이 끝난 지 8년째 되는 해였다. 난후亂後 수습이 미진하긴 해도 평화는 깃들어 있었다. "처음 폐백을 드리고 사계 선생을 연산서당으로 찾아 뵈었다(始通贄謁沙溪先生于連山書堂)."고 한 것으로 봐서 사계 선생의 교학소敎學所를 당시에는 '연산서당'으로 불렸던 것 같다. 다만 연산의 지명을 따서 편의상 그렇게 불렀을 수도 있다. 그해 사계 선생은 58세였고, 신독재는 32세, 필자인 권극중은 22세였다. 그는 여기 연산서당에서 두 달을 머물러 지내면서 그때 직접 보고 겪은 일을 적고 있다.

"무릇 60일 동안 신독재 선생의 어버이를 받드는 정성어린 효도와 예절을 자세히 보니, 모두가 『소학小學』에서 본 그대로였다(凡六十箇日 詳見愼獨齋先生奉親誠孝禮節 則皆小學中所見也)."

서당은 본댁에서 몇 리(數里) 가량 떨어져 있었는데 사계 선생은 항상 서당에서 주무셨다. 신독재는 처음 서당에서 모시고 주무시려고 했으나 사계 선생이 집에 가서 자라고 명하시면 신독재는 명에 따라 집으로 갔으며, 이튿날 새벽에 와서 절하고는 누워 계신 발아래 꿇어앉아 있었다. 날이 밝은 후에 선생께서 일어나시면 이불과 요를 걷어 개고는 종일 모시고 앉아 시중을 들었다. 어두워지면 침구를 펴고 선생께서 자리에 누우신 뒤에야 발아래서 절하고는 물러갔다. 날마다 한결같이 그러했다. 내가 항상 모시고 잤는데 하루는 창이 훤하게 밝은 것을 모르고 늦잠이 들었다. 눈을 떠 보니 신독재 선생이 이미 오셔서 누워 있는 옆에 앉아 계시는 것이었다.

서당 서쪽에 조그만 대(小臺)가 있고 동쪽에는 시냇가 정자(溪亭)가 있어 사계 선생께서 때때로 노닐고 쉬시었다. 신독재는 그곳을 살피고 흙을 채워 넣기도 했으며 자주 청소를 했다. 초하루 보름(朔望)에는 사계 선생께서 걸어가셔서 사당에 참례하셨고 신독재가 모시고 다녔다. 사계 선생께서 나들이를 하시면 말을 탈 때는 신독재가 붙들어 오르게 하고 말 뒤를 이삼십 보 따라가다가 절하고는 멈췄다. 선생께서 돌아오시면 또 나가서 말머리에서 맞이했고, 절하고는 따라가다가 말에서 내리실 때 붙들고 옷을 가다듬어 드렸다.

정침正寢과 책방冊房이 헐었을 때는 신독재 선생이 직접 수리하는 것을 감독했고, 손수 흙손을 잡고서 벽을 발랐다.

반찬차림에 있어서도 사계 선생께서는 준치(眞魚)와 생선젓(食醢), 메밀국수(木麥麵)를 즐기셨는데 끼니때마다 생선젓은 접시 가득히 담아 끊이지 않고, 메밀국수는 사흘에 한 번씩 드리는 것을 항식恒式으로 했다. 이때 선생 댁은 매우 가난했지만 신독재는 정성을 다해 일체 찬품을 미리 준비해 끊어지지 않도록 했고 혹 끊어지게 되면 몸소 그물을 잡고 앞 시내에 나가 잡아서 썼다. 무릇 집안 잡일이며 농사짓고 부역 때우는 것을 스스로 감당해 어버이께 걱정을 끼치지 않도록 했다. 선생께서 타시는 말은 잘 먹여 항상 살이 쪄 있었고 안장이며 재갈도 아주 좋았다. 다니는 길은 항상 청소를 깨끗이 했고 울타리도 헐면 자주 수리를 했다. 이런 자잘한 일들을 자상하게 처리하기란 쉽지 않은 일인데도 소리 없이 해 나가면서 스스로 힘들어 하지 않으셨다. 오직 어버이 계시는 것만 알지 자기 자신은 있지 않았다. 뜻에 앞서 얼굴빛에서 알아내어, 모습 없어도 모습을 보고(視於無形) 소리 없어도 소리를 들었다(聽於無聲).

그 의관은 거친 베로 짠 도복道服에 무명 실로 짠 검은 띠(綿絲黑帶)를 둘렀으며, 건모巾帽는 쓰지 않고 항상 사립絲笠을 썼다. 그 몸가짐은 한결같이 구용九容7)의 법도를 따랐고 아무리 급한 상황이라도 예도禮度로 조절할 수 있는 것은 대개 평소에 존양存養함이 있었기 때문이다.

이상이 그 대략이거니와 그는 사계 선생은 덕기德氣를 발산하여 옆에서 모시고 있으면 봄바람 속에 든 것 같고, 신독재 선생은 모습이 조각처럼 엄숙해 사람 접하는 것이 온통 화기和氣로 느껴진다고 했다.

4. 광산김문光山金門의 출중한 여성문화

유교문화 전통에서 명문名門을 형성하는 또 하나의 측면은 문중여인門中女人들의 출중한 윤리적 삶이다.

이에 대해서는 광산김문의 출중한 윤리적 삶을 산 몇몇 여성들의 고사故事를 소개함으로써 두 번째 시사점을 삼고자 한다.

광산김문에서 출중한 절행節行으로 주목되는 여인들로는 대개 양천허씨(사계의 7대조 김문의 배위), 순천김씨(절재 김종서의 7대 손녀, 사계 김장생의 두 번째 배위), 연산서씨(사계의 자 김반의 배위), 해평윤씨(사계의 손자 김익겸의 배위, 서포 김만중의 어머니)가 손꼽힌다.

양천허씨陽川許氏는 남편 김문金問이 아들 하나를 두고 요절하여 17세에 청상과부가 되었다. 당시는 재가再嫁가 흠이 되지 않던 시대였고, 또 그 친정 부모가 재가를 강청하였으나 허씨부인은 이를 뿌리치고 어린 아들을 업고 개성에서 연산까지 오백리 길을 걸어 시가로 내려와서 아들을 지성으로 양육하며 평생을 수절하였다. 그의 절행節行은 국가의 기림을 받아 광해군대의 『동국신속삼강행실도東國新續三綱行實圖』에 수록되어졌다.

염선재 순천김씨順天金氏는 좌의정을 역임한 절재 김종서의 7대 손녀이다. 1453년 절재가 계유정란으로 반역의 누명을 쓰고 자신은 물론 온 가문이 멸문지화를 당하게 되었으나, 이때 다행히 일점혈육(김종서의 손자 행남)이 살아남았는데, 그 후손 중의 한 사람이 바로 염선재 김씨부인이다. 후손들은 본래의 성씨와 신분을 감추고 숨어서 근근이 생존을 유지하고 있었다. 김씨부인이 17세가 되었을 때, 아버지 김수언이 그에게 말하기를 "선조이신 절재대감이 억울하게 반역의 누명을 쓰고 돌아가신 후, 아직 신원이 되지 못하고 있으니 통탄할 일이다. 조상을 신원해드리기 위해서는 덕망가德望家의 힘을 빌려야 할 것인데 오늘날 조정에서 덕망을 얻고 있는 이로는 사계沙溪만한 이가 없다."고 하였다. 이때 마침 사계가 상처하여 3년이 되었으나 당시에 슬하에는 나이 어린 아이들이 있었으므로 불가피하게 계배를 맞아야 했다. 이에 염선재 김씨부인은 역적의 후손이라는 자신의 신분을 감추고 광산김문에 혼인하였으나(이 사실은 그가 장남을 낳은 후에야 사계에게 고백하였다 한다) 조상 김종서의 억울함을 잊지 못하여 평생토록 치아를 드러내고 웃은 적이 없었다 한다. 염선재는 8남매를 낳아 모두 성공적으로 잘 키워냈다. 그러나 조상 절재대감에 대한 신원은 이루지를 못하였다. 이때 사계는 김씨부인의 사정을 딱하게 생각하고 또 의리로 보아 당연히 이 문제를 해결해야 한다고 생각하여 상소上疏를 올리고자 하였으나, 아직 단종의 복위도 이루어지지 않은 상황에서 이 문제를 제기하는 것이 사실상 불가했으므로 기회를 얻지 못한 채 작고하고 말았다. 이렇게 사계가 84세로 작고하자 김씨부인은 사계의 3년상을 지성으로 받든 후 결국은 단식으로 자진하였다. 그것은 단순히 '남편이 죽으니 따라 죽는다.'라는 차원의 자진이 아니었다. 180년이 되도록 억울하게 누명을 쓰고도 신원되지 못하고 있는 조상의 신원을 갈구하는 간절한 염원을 담은 것이었다. 그것은 조상에 대한 효심孝心의 발로였고, 또한 굽은 의리義理를 바로 펴고자 하는 의리정신의 발로였던 것이다.

서씨부인徐氏夫人은 1636년 병자호란에 강화도로 피난 갔다가 이듬해 성이 점령되자 자결하여 조선여인의 정절貞節을 드러낸 절의節義의 인물이다. 이때 그의 아들 김익겸(서포 김만중의 아버지)도 강화가 점령되자 오랑캐 청에게 굴복할 수 없다 하여 결연히 자결하였다. 후일 나라에서는 어머니 서씨부인에게 열녀정려를, 그리고 아들 김익겸에게 충신정려를 내렸다.

해평윤씨海平尹氏는 서포 김만중의 어머니이고 충신정려를 받은 김익겸의 아내이다. 1636년 병자호란 중에 강화도로 피난 갔으나 성이 함락되자 만삭의 몸으로 피난선에 탔다가 배 위에서 아들을 낳았는데 그가 바로 서포 김만중이다. 그래서 서포의 별명이 '선생船生'(배 위에서 출생함)이다. 그리하여 윤씨부인은 네 살 난 아들 김만기와 유복자인 김만중 두 아들을 위해 평생을 수절하여 헌신적으로 아들들을 양육하였다. 『구운몽』, 『사씨남정기』로 저명한 서포의 위대한 문학성은 이러한 어머니 해평윤씨의 삶과 무관하지가 않다. 서포는 출중한 효자孝子였고 어머니 해평윤씨는 유난히 소설 읽기를 좋아하여 서포는 어머니를 위해 한글로 소설을 썼다는 것이다. 뿐만 아니라 윤씨부인의 두 아들들은 후일 모두 대제학大提學이 되었으니 가정의 경사를 넘어 가문의 경사였고, 우리 역사에서 전무후무한 기록을 세운 것이었다.

이상에서 개관한 여인들은 광산김문光山金門을 명문으로 키워 간 자랑스런 장한 여인들이다. 시대가 달라져서 오늘날의 잣대로 보면 다시 생각해 볼 측면이 없지도 않겠지만, 당시의 사회에서는 큰 귀감이 된 모범적 삶이었고, 그것은 윤리질서가 크게 무너진 오늘에 있어서도 시사하는 바가 적지 않다고 해야 할 것이다.

참고문헌

『주례』
『시경』
『격몽요결』
『사계전서』
『신독재전서』

17세 청상으로 평생을 헌신한 양천허씨

이철성
건양대학교 교수

1. 서론
2. 광산김문의 성장
3. 광산김문의 연산 정착
4. 양천허씨의 삶과 교훈
5. 결론

1. 서론

양천허씨陽川許氏는 충청도 관찰사 김약채金若采의 아들인 김문金問의 부인이다. 세종 2년(1420) 1월 21일 나이 44세 때 그녀가 사는 충청도 연산 마을에 정문旌門을 세워 표창하고 그 집의 요역을 면제하라는 왕명이 있었다. 나이 17세에 지아비가 죽었는데, 무덤 곁에 여막을 치고 몸소 조석상식을 올리며 3년을 마쳤으며, 곡읍哭泣을 그치지 않고 몸치장을 하지 않은 행실에 대한 포상이었다.1)

양천허씨의 열행은 이후 광해군 9년(1617) 편찬 간행된『동국신속삼강행실도東國新續三綱行實圖』열녀전에 수록되었다. 양천허씨가 79세의 나이로 세상을 떠난 지 160여 년 후에 조선 사회 전체의 교훈과 교육의 대상으로 공인된 것이다. 이로써 양천허씨는 연산을 근거로 활동하던 광산김문의 '시조모始祖母'에 대한 추모 차원을 넘어 조선 사회의 '교훈적 여성상'으로 변화하였다.

따라서 이 글은 양천허씨가 연산 광산김문에게 주는 문중의 의미를 밝히는 데 그치지 않고, 조선의 사회적 문화적 차원에서 그녀가 어떻게 조명될 수 있는가에 대한 검토를 진행하고자 하였다. 이를 위해 우선 고려말・조선초 광산김문의 성장과 그들 중 일부가 충청도 연산에 정착하는 과정을 양천허씨를 중심으로 살피려 한다. 아울러 양천허씨의 삶과 교훈을 통해 연산의 광산김문 차원을 넘어 그녀가 지니는 사회적 문화적 의미를 살펴보려고 한다.

2. 광산김문의 성장

1) 고려전기 문벌귀족으로의 성장

우리나라에서는 신라 말 고려 초에 선종禪宗이 들어오면서 법통法統 의식이 생겼고, 신유학이 들어오면서 정통正統 의식이 생겼다. 이에 따라 진골, 성골 등 왕실의 혈통血統을 따지는 데 국한되었던 성씨가 일반 사대부 집안에도 일반화되었다. 그러나 고려전기 신유학 단계에서는 거주 지역에 따라 본관이 변하는 본적本籍의 개념을 띠고 있었다. 따라서 고려전기 신유학을 적극 수용하던 해주최씨, 인주이씨, 광산김씨 등 몇몇 집안에서 정통 의식에 입각한 본관제도를 형성하려 했지만, 아직 지역을 기반으로 본적本籍 개념의 본관제도本貫制度에 입각한 성씨 체제가 일반적이었다.

현재 우리에게 익숙한 본관은 고려후기 주자성리학이 수용되면서부터이다. 이때부터 거주 지역보다는 사대부 집안의 정통을 계승하는 종법에 입각한 본관이 자리 잡게 된다. 본관제도는 대종大宗 소종小宗 하는 종법제도와 밀접한 관련을 가지고 있는데, 고려후기 주자성리학이 들어오면서 종법제도가 수용되어 정착되었다.

광산김씨도 이러한 사상적 흐름 속에서 이미 고려전기에 문벌귀족으로 성장하고 있었다.2) <표1>은 광삼김문이 고려전기 문벌귀족으로 성장하는 과정에서 활약한 중요 인물과 활동을 정리한 것이다. 그 가운데 김양감, 김약온, 김의원 등은 당시 문벌 귀족인 이자연·이자겸李資謙 집안과 매우 밀접하게 연결되었고, 파평윤씨 윤관尹瓘, 윤언이尹彦頤 집안과도 긴밀하게 연결되어 있었다. 또한 해동공자 최충의 집안과도 연계되어 있었다. 결국 김양감 계열의 인물들은 최충과 함께 당시

사상계를 주도했고, 인주이씨와 함께 당시 정치세력의 핵심을 이루었던 사실을 알 수 있다.

<표1> 고려전기 광산김문의 중요인물과 활동

세	이름	중요경력 및 가족상황	관련문헌
3	佶	고려 건국 공신/중국 후당에 사신 파견/司空	『고려사』 권110, 열전 제23 金台鉉傳
5	策	과거합격/평장사	『고려사』 권73, 지 제27 선거 1
6	廷俊	內史侍郎平章事 上柱國/평장사/김정준의 女 李子淵 아들 李顥와 결혼/이호의 아들 이자겸은 정준의 외손/이호의 딸은 순종비/이자겸의 부인을 통해 최충 집안과 연결	『고려사』 권6, 세가 제6 정종 원년 1월 정미;『고려사』 권73, 지 제27 선거 1;『고려사』 권7, 세가 제7, 문종 1 문종 7년 7월 기미;『고려사』 권7, 세가 제7 문종 1 문종 9년 7월 경신;『고려사』 권8, 세가 제8 문종 2 문종 11년 11월 정축
7	良鑑	이자연이 지공거를 한 문과에서 급제/여동생이 이자연의 아들 이호와 결혼/문하시랑평장사/守太尉/부인은 거란과의 외교에 공을 세운 최연하의 딸/[文安公]	『고려사』 권8, 세가 제8, 문종 3 문종 24년 1월 기유;『고려사』 권8, 세가 제8, 문종 3 문종 25년 1월 신축;『고려사』 권8, 세가 제8, 문종 3 문종 29년 12월 정미;『고려사』 권9, 세가 제9, 문종 3 문종 37년 1월 무자;『고려사』 권10, 세가 제10, 선종 즉위년 12월 정해
8	義文 (若溫)	윤관의 손자 尹彦頤의 장인/중서시랑평장사/검교사도 수사공 문하시랑평장사 상주국/문하시중/이자겸과 종형제	『고려사』 권15, 세가 제15, 인종1 인종 원년 12월 병오;『고려사』 권15, 세가 제15, 인종1 인종 2년 12월 갑자;『고려사』 권127, 열전 제40 역적1 이자겸전;『고려사』 권97, 열전 제10, 김약온전

세	이름	중요경력 및 가족상황	관련문헌
	義元	이자연의 맏손자 이자인의 사위/ 문종이 처고모부, 선종은 동서/ 길주에서 여진과 싸워 30명 살해. 많은 병기와 우마 노획/거란으로 사신 파견/이자겸의 난으로 지방 좌천[광양]	『고려사』권13, 세가 제13, 예종2 예종 4년 3월 을묘;『고려사』권13, 세가 제13, 예종2 예종 8년 10월 경오;『고려사』권127, 열전 제40, 역적1 이자겸전;『고려사』권15, 세가 제15, 인종1 인종 4년 4월 신해
9	光中	의원의 아들 李資義의 조카인 李軾의 사위/정중부의 난에 박광승의 밀고로 살해당함	『고려사』권19, 세가 제19 의종3 의종 23년 7월 병인;『고려사』권101, 열전 제14 김광중 김체
10	蔕	광중의 아들/광중을 죽게 한 朴光升에게 원수를 갚음/피신	『고려사』권114, 열전 제14 김광중전

그러나 고려중기 이자겸의 난과 무신란의 혼란을 겪는 사이 광산김씨는 한때 세력이 약화되어 김의원의 손자 김체와 증손자 김주영金珠永이나 김위金位는 계보가 불명확해지기까지 하였다. 그러나 충렬왕대 과거 급제하면서 등장하는 문숙공 김주정대에 와서 광산김씨는 집안을 다시 일으키며 계보를 찾고 있는 것 같다.

2) 고려후기 권문세족과 신진사대부로의 성장

(1) 문숙공文肅公 김주정金周鼎계의 형성과 변천

고려초기부터 명문名門의 기틀을 다지기 시작한 광산김씨는 무신란을 겪으면서 『광산김씨족보』상의 세계에 약간의 혼동이 생길 정도로 타격을 입었다. 무신란 이후 광산김씨는 시조의 10세손 김체金蔕의 아들 김위金位와 김주영金珠永 형제 대에서 크게 두 갈래로 나뉘어져 김광세金光世와 김광존金光存의 양대 산맥으로 이어진다.

<표2> 고려후기 광산김문의 중요인물과 활동

세	이름	중요경력 및 가족상황	관련문헌
12-ⅰ	光世	中郞將/尙書左僕射	『고려사』 권110, 열전 제23 김태현전
12-ⅱ	光存		『고려사』 권110, 열전 제23 김태현전
ⅰ13	鏡亮	朝請大夫 金吾衛大將軍/贈 門下平章事	『고려사』 권110, 열전 제23 김태현전
ⅱ13	大鱗		
ⅰ14	須	三別抄의 난 때 순절/부인 高侹의 딸인 옥구군대부인 고씨	『고려사』 권110, 열전 제23 김태현전
ⅰ14	周鼎 [文肅公]	원나라와 외교적 관계를 형성하는 데 노력/재추회의에 따라 必闍赤(몽고어로 서기라는 뜻)를 두어 중요한 국사를 담당토록 건의/충렬왕 7년(1281) 5월 舟師로서 일본 정벌을 위해 김방경과 大明浦 출전	『고려사』 권104, 열전 제17 김주정전;『고려사』 권26, 세가 제26 원종 2 원종 5년 5월 무술;『고려사』 권73, 지 제27 선거1 과목1
ⅱ14	璉 [良簡公]	부인 예부상서 曺著의 딸 綾城曺氏/아들 삼중대광 광청대부 첨의시랑 찬성사 상호군 金士元	
ⅰ15	台鉉 [文正公]	문하시중 수문관 대제학 판전리사사/判三司事/사위 순흥안씨 안향의 손자인 안목, 밀양박씨 박윤문	『고려사』 권110, 열전 제23 김태현전
ⅰ15	深	의관자제로 원나라 조정에 입시/딸이 원나라 인종의 왕후가 됨/시호는 忠肅	『고려사』 권104, 열전 제17 김주정전;『고려사』 권35, 세가 제35 충숙왕 2 충숙왕 15년 4월 무술

그런 가운데 고려후기에는 김광세의 중손자 문정공文正公 김태현金台鉉(1261~1330) 계열이 권문 세력으로 등장했다. 김태현은 어머니

고씨가 꿈에 별이 품안으로 들어오는 것을 보고 낳았는데, 풍모가 단정하였으며 눈매가 그린 듯하였다. 10세 때에 아버지를 여의고 학업에 근면하여 발전이 빨랐는데, 문하시중 수문관 대제학 판전리사사에 이르렀다.3) 김태현은 신하들이 충렬왕과 충선왕을 이간질하여 국정이 매우 어지러웠으나 공평하게 일을 처리하여, 충선왕이 즉위하자 양광수길도계점사楊廣水吉道計點使 행수주목사行水州牧使가 되고, 그 뒤 상의찬성사商議贊成事로서 파직되어 한거하다가, 충숙왕 8년(1321)에 첨의평리僉議評理로 복직하고 판삼사사判三司事로 승진하였다.

김태현은 성질이 청렴하고 언어와 행동이 예절에 맞아 낮에도 드러눕지 않았고 더워도 옷깃을 풀어 헤치지 않았다. 남과 화목하였고 어머니에게 효성을 다하였다. 자손을 가르침에 있어서 일정한 규범이 있었고 사람들과의 교제를 함부로 하지 않았으며 남의 원망을 사는 일이 없었다. 세 왕조에 걸쳐 벼슬하는 동안에 관리로서 바르게 처신하였고 번잡하고 곤란한 일에 당면하여도 처리를 정밀하고 민첩하게 하였으므로 세상에서 그의 명철함에 탄복하였다. 또 그는 지난 시대의 사적에 대하여 말하기를 요즘 생긴 일같이 하였으며 나라에서 해결하기 어려운 문제가 제기될 때마다 그에게 물어 처결하였다. 일찍이 자기 손으로 우리나라 사람들의 문학 작품을 수집하여 『동국문감東國文鑑』이라 하였다. 김태현의 부인은 낭장郎將 김의金義의 딸 김씨와 왕정조王丁旦의 딸 개성군대부인開城郡大夫人 개성왕씨이다. 김씨에게서 김광식金光軾을 낳고, 왕씨에게서 김광재金光載 등 3남 2녀를 낳았다.

김태현의 아들인 김광식은 충렬왕 때에 문과에 급제하였으며 벼슬은 총부의랑에 이르렀다. 김광재金光載(1294~1363)는 태어날 때의 키가 두 자가 넘었으므로 아버지가 비범히 여겨 특별히 사랑하였다고 한다. 충선왕 때에 과거에 급제하고 성균학관成均學官으로 임명되었다. 충혜왕을 따라 원나라에 갔던 공로로 사복시司僕寺 승丞이 되었다가 도관都官 정랑正郎으로 전직하였다. 조적曹頔이 난을 일으켰다가 처형되고 왕이 원나라에 잡혀갈 때에 김광재가 말하기를 "우리 임금이 위험하게 되었는데 나만 차마 위험을 회피할 수 있는가?"라고 하고 왕을 따라 갔다. 왕이 복위하여 돌아오자 그를 군부軍簿 총랑摠郎으로 임명하고 전선銓選에 참여케 하였다. 후에 여러 관직을 거쳐 판전교사사判典校寺事로 승진하였다.

충목왕이 즉위한 후에 우부대언右副代言으로 임명되었다가 지신사知申事로 전임하였다. 그때 권세를 가진 대신이 김광재가 자기에게 아부하지 않는 것을 미워하여 왕께 상소하여 판도판서版圖判書로 전직시켰다. 왕이 곧 후회하고 밀직부사密直副使 제조전선提調銓選으로 임명하였으며 후에 지밀직사사知密直司事로 승진시켰다. 공민왕恭愍王 때 난정이 시작되자 두문불출하였으며 어머니가 죽자 무덤가에 여막廬幕을 짓고 거상居喪하니 그의 효성孝誠을 가상히 여겨 그가 사는 곳에 '영창방靈昌坊 효자리孝子里'라는 정표旌表를 세우게 했다. 그의 묘지문은 목은牧隱 이색李穡이 찬하였다.4) 부인은 평장사 김승택金承澤(?~1358)의 딸인 안동김씨이다. 김승택은 김방경金方慶(1212~1300)의 손자로 조적의 난을 평정한 공으로 2등공신이 되고 중서시랑평장사를 지냈다. 김승택의 손자 김구용金九容은 경복흥 이인임 등을 탄핵하다 이승인 등과 함께 유배 갔다.5) 김태현의 사위로는 순흥안씨 안목安牧과 밀양박씨 박윤문朴允文이 있다. 안목은 안향의 손자이다.

김광재의 아들 김흥조金興祖는 호협하고 지조와 의리가 있었다. 벼슬이 군기감軍器監에 이르렀고 수원, 해주의 수령 등 지방관을 지냈으며 김제안金齊顔, 김정金精 등과 더불어 신돈辛旽을 처단할 것을 계획하다가 일이 누설되어 살해되었다.

한편 고려후기에는 광산김문 중 문숙공文肅公 김주정金周鼎(1228~1290)이 또 하나의 계열을 형성하면서 권문세족으로 등장하였다. 김주정의 자는 지숙之淑이며, 시호는 문숙文肅이다. 고종 15년(1228)에 태어났다. 어려서부터 학문을 좋아하고 성질이 침착하고 후하여 말이 많지 않았으며 함부로 친구들을 사귀는 일이 없었다. 음서蔭敍로 부성위富城尉가 되었는데,6) 몽고병이 대거 침입하니 그가 잘 조치하여 널리 칭송을 받았다. 순문사巡問使 한취韓就가 김주정을 상부에 추천하여 권지도병마녹사權知都兵馬錄事에 임명되었다.7) 원종 5년(1264) 4월 지중추원사 최윤개崔允愷(?~1266)가 지공거로 시행된 과거에 김주정이 수석으로 합격하였다.8)

원나라와 외교적 관계를 형성하는 데 노력했으며, 재추회의宰樞會議에 따로 필도치必闍赤(몽고어로 서기라는 뜻)를 두어 중요한 국사를 담당토록 건의하기도 하였다.9) 이는 김주정이 원나라와의 밀접한 관련을 맺고 있었기 때문이다. 김주정은 충렬왕 7년(1281) 5월 주사舟師로서 일본을 정벌하기 위해 김방경과 같이 군사를 이끌고 대명포大明浦에 이르렀으나 태풍을 만나 병선이 전복되었는데 이때 많은 사람을 구했다고 한다. 부인은 증판서贈判書 장득구張得救의 딸 장씨張氏와 찬성사贊成事 김련金璉의 딸 김씨金氏와 판합문사判閤門事 이신손李信孫의 딸 합천이씨陜川李氏이다. 슬하에 2남 2녀를 두었는데, 장씨에게서 1남 2녀를, 김씨에게서 1남을 두었다.

장씨가 낳은 아들 김심金深(1262~1338)은 충렬왕 4년(1278)에 의관자제로 원나라 조정에 입시하였다가, 충렬왕 13년(1287) 서해도西海道 권농사勸農使가 되어 고려에 돌아왔다. 충선왕 1년(1309)에 딸이 원나라 인종의 편비偏妃가 되자 원나라의 세력으로 고려도원수高麗都元帥에 올랐으며,10) 이어 찬성사가 되었다.11) 이후 충숙왕 15년(1328) 그 딸이 황후로 책봉되면서12) 충혜왕 즉위년(1330) 벼슬이 도첨의중찬都僉議中贊에 이르렀다. 시호는 충숙忠肅이다.

김심의 부인은 모두 6명이 있는데 첫째 부인에게서 장남 김석견을 얻었다. 김석견金石堅(1277~1346)은 초명이 김승석金承石으로 충숙왕 1년(1314) 상호군이 되고 충숙왕 5년(1318) 화평부원군에 봉해지고, 충혜왕 5년(1331) 조적曺頔의 난을 평정한 공으로 1등 공신이 되었다. 그리고 원나라 순제順帝(1333~1367)가 태감 송골아宋骨兒를 보내 충숙왕 2년(1333)부터 황해도 해주에 신광사身光寺를 세우는데, 충숙왕이 시중侍中 김석견金石堅과 한림翰林 이수산李壽山에게 명하여 돕게 하였다.13) 왕씨 소생인 김승사金承嗣에게는 김종연金宗衍이라는 아들이 있는데 여말에 이성계를 죽이려 했다고 하여 잡혀서 죽는다.14)

이렇게 고려후기 무신집권기에 광산김문은 김광세金光世·김경량金鏡亮·김수金須로 이어지는 계열이 김주정의 지공거知貢擧였던 최윤개崔允愷, 인주이씨 이장용李藏用 등과 함께 무신집권을 몰아내는 세력으로 등장하는 것 같다. 그래서 왕정복고가 되어 충렬왕·충선왕대를 거치며 김수의 아들 김태현金台鉉이 여러 가지 혼란한 가운데 정치를 주도하고 있었고, 또한 김주정은 그의 아들 김심金深으로 이어지며 원 황실과 연결되어 정치를 주도하고 있었다. 그렇지만 김승사金承嗣의 아들 김종연金宗衍이 이성계를 죽이려 했다는 역모 죄로 죽어서 순탄치 않은 굴곡이 있었던 것으로 추측된다.

(2) 양간공良簡公 김련金璉계의 형성과 변천

고려말 명나라가 등장하면서 원나라의 세력이 물러가자 김광존金光存 계열이 고려후기를 주도하며 조선건국과 연결되는 신진사대부新進士大夫로서 등장하기 시작하였다. 양간공良簡公 김련金璉은 김광존의 손자이며, 아버지는 김대린이다. 김련의 부인은 예부상서禮部尙書 조저曹著의 딸인 연주군부인連珠郡夫人 능성조씨綾城曺氏이다. 아들은 삼중대광 광청대부 첨의시랑 찬성사 상호군을 지낸 김사원金士元(1257~1319)이다.

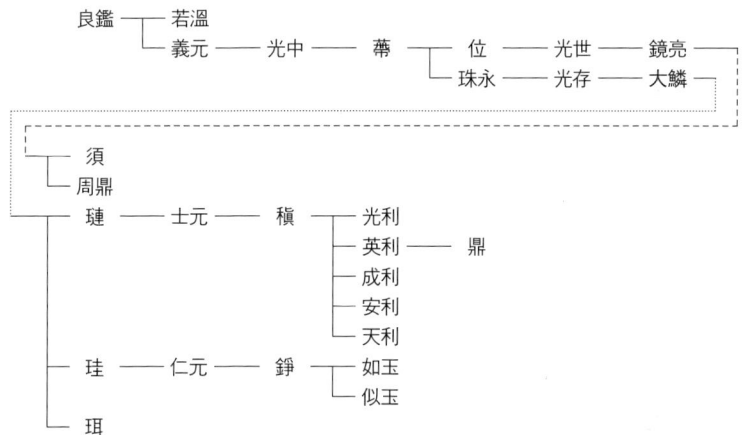

〈표3〉 양간공 계보도

김사원은 문성공文成公 안향安珦(1243~1306)의 딸인 순흥順興안씨와 혼인하였다. 그래서 김련과 안향은 사돈이 된다. 김사원의 아들인 김진金稹(1297~?)은 대제학을 역임하였으며 그의 부인은 권윤명權允明의 딸인 복주福州(안동)권씨이다. 김진의 아들인 김영리는 좌사의대부를 역임하고 판군기감사를 지냈으며, 그의 부인은 선공감부령을 지낸 홍승연洪承演의 딸인 남양南陽홍씨이다.

김영리의 아들인 김정金鼎은 양광도楊廣道(충청도)와 전라도 찰방을 지냈는데, 그때의 공으로 추성보리공신推誠輔理功臣으로 책봉되었고 중대광重大匡 광성군光城君에 봉해졌다. 부인은 전법판서典法判書 이방

李昉의 딸인 숙신택주肅愼宅主 연안이씨이다. 이방은 공민왕 12년 (1363) 홍건적의 난이 평정된 뒤 수복경성공신收復京城功臣 2등에 책봉되었으며,15) 공민왕 14년(1365)에는 한양윤漢陽尹을 역임하였다.16) 김정은 김약채金若采·김약항金若恒·김약시金若時 세 아들을 두었다.

<표4> 김영리 계보도

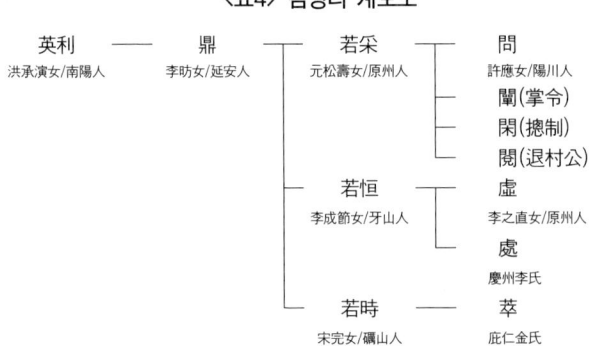

김약채는 고려 공민왕 때 목은牧隱 이색李穡과 야은埜隱 전록생田祿生이 지공거가 된 시험에 그의 동생인 김약항과 함께 급제하였다. 우왕 때 좌사의左司議로서 조반趙胖의 옥사를 다스리는 데 참여하였다.17) 우왕 14년(1388)에는 이성계의 위화도회군에 반대하여 외방에 유배되기도 하였으나,18) 조선건국에 참여하여 문하부門下府 좌산기左散騎에 이르렀으며, 정종 2년(1400)에는 사병을 없애고 중앙의 일원화를 주장하여 이를 단행하게 하였다.19) 그 뒤 대사헌을 거쳐 충청도 관찰사를 지냈다.

김약채의 부인은 원송수元松壽의 딸인 원주원씨이다. 원송수의 아버지는 원선지元善之이다. 부인은 권렴權濂의 딸인 안동권씨이다. 원송수는 충숙왕 복위 8년에 국자감시에 합격하였으며, 충정왕 3년 서해도西海道 안렴사按廉使를 거쳐, 공민왕에게 발탁되어 좌부대언左副代

言에 임명되었다.20) 공민왕 12년(1363) 홍건적의 난이 평정된 뒤 왕의 파천을 호종한 공으로 1등 공신에 책봉되었으며, 공민왕 14년 정당문학政堂文學에 올랐으나 신돈의 미움을 받아 파직되었다.

김약채는 김문金問을 비롯하여 네 아들을 두었는데, 김문의 부인이 바로 허응許應(?~1411)의 딸인 양천陽川허씨이다. 허응은 김약채·김약항과 함께 이색과 전록생이 지공거가 된 과거에 합격하였으므로 김약채와는 이색의 문생門生이면서 사돈 간이 된다.

『광산김씨약사』에는 김약채의 큰아들 김문이 21세로 조졸하니 동생들이 큰 집을 위해 희생하는 미담이 전해진다. 김한은 중군도총부 부총재를 지냈는데, 형수인 양천허씨와 큰 집을 지성으로 돌보았다고 한다. 김열 또한 벼슬길을 단념하고 형수인 양천허씨와 어린 조카를 보호하며 훈육에 힘써 종통과 가업을 이어받도록 했다고 한다. 자신의 영달을 바라지 않고 큰 집을 위해 희생했으며, 형조도관 좌랑으로 벼슬길에서 물러났다고 하여 호를 퇴촌이라 했다고 한다.

김약항金若恒(?~1397)은 태조 때 대사성大司成으로 사신使臣이 되어 명明나라에 갔다가 표문表文이 공손치 못하다고 하여 황제의 노여움을 사서 양자강 변에 유배流配되었다가 마침내 돌아오지 못하였다. 뒤에 황제의 노여움이 풀려 가족에게 시체를 찾아가라고 하여 늙은 여종이 부인이라고 평계하고 남경까지 가서 시체를 찾아왔다. 『용재총화』에 보면 김약항金若恒의 아들 김처金處는 아버지가 외국에서 죽었으므로 충격을 받아 미친병이 들어 소리 내어 울고 밤에는 시구詩句를 길게 읊으면서 잠시도 쉬지 않고 비틀거리고 다녔다고 한다.21)

김허金虛는 김숙자金叔滋(1389~1456)의 문인으로 벼슬이 사재감 부정副正에 이르렀고 효성孝誠이 지극하여 어머니 상喪을 당하자 여막廬幕 벽에다가 효경孝經의 상친장喪親章을 써서 붙이고 날마다 바라보며 읽고 눈물을 흘리며 목이 메도록 울기를 3년 동안 조금도 쉬지 않았으니 그 비참하게 우는 소리에 듣는 사람이 눈물을 지었다고 한다.

김약시는 고려조에서 진현관進賢館 직제학直提學을 역임하였으며, 고려가 망하자 광주廣州의 산골에 은거하여 조선 개국 후 태조가 직제학으로 임명하였으나 절개를 지켰다. 순조 조에 이르러 이조판서에 추증되고 충정이라는 시호를 받았다. 두문동 72현의 한 사람이다. 그의 부인은 송완宋完의 딸인 여산礪山송씨이다.

이렇게 보면 양간공 김련계는 여말에 원나라가 물러가고 신흥사대부가 등장하는 가운데 두각을 나타내며 새롭게 등장하고 있었다. 양간공 김련의 아들 김사원金士元이 안향安珦의 사위가 되고, 김사원의 현손인 김약채金若采・김약항金若恒이 이색李穡의 문생으로 되면서, 신진사대부 세력으로 등장하고 있었다. 김약시는 소위 '두문동 72현'이라고 칭해지는 절의파가 될 정도로 당시 주자성리학의 이념에 입각하여 개혁을 추진하는 주도세력이 되고 있었다.

요컨대 고려시대 사족세력의 동향은 고려전기에는 신유학을 고려후기에는 주자성리학을 수용하여, 사회개혁을 주도하는 세력이 명문가를 이루며 등장하였다고 볼 수 있다. 광산김씨는 이러한 시대적 이념을 주도하면서 성장하였던 것이다.

3. 광산김문의 연산 정착

1) 연산連山 입향조入鄕祖 김약채金若采

광산김씨 중 고려후기 신진사대부로서 성장해온 김련金璉－김사원金士元－김진金稹－김영리金英利－김정金鼎으로 이어지는 계통은 그의 아들 김약채, 김약항, 김약시 때에 이르러 조선 건국과 연결된다.

　김약채는 공민왕 20년(1371) 문과에 급제하였으며, 성품이 강직하여 권세가를 두려워하지 않았다. 우왕 재위시 좌사의左司議로 있을 때 조반趙胖의 옥사를 다스리는 데 참여했다. 염흥방廉興邦이 기필코 조반을 무복誣服시키고자 하여 매우 참혹하게 다스리니, 조반은 마구 욕을 하면서 조금도 굽히지 않고 말하기를, "내 너 같은 나라의 도적을 베고자 한다. 너는 나와 서로 송사를 벌인 자인데, 어떻게 국문하느냐." 하니, 염흥방이 노하여 사람을 시켜 그의 입을 마구 때리게 했다. 이때 그 자리에 모인 사람들은 일부러 자는 척, 못 들은 척, 혹은 입을 닫고 감히 어떻다 말이 없었다. 다만 김약채만이 옳지 않다고 못하게 하였다. 이로 인하여 조반은 사면되고 염흥방이 드디어 죽임을 당했다. 그리하여 조야朝野가 모두 통쾌하게 여겼다.22) 우왕 14년(1388) 이성계의 위화도회군 때, 지신사知申事로 이에 항거했다 하여 외방에 유배되었다.23)

　이때의 외방이 구체적으로 어디인지는 밝힐 수 없다. 그러나 김약채의 아들 김문이 태조 2년(1393)에 일찍 죽고 그의 부인 양천허씨가 연산 시댁으로 내려왔던 사실에 주목해보면 김약채의 충청도 연산의 고정리 입향 시기는 우왕 14년(1388)을 전후한 시기가 아닌가 생각된다.

　조선 개국 이후 김약채는 다시 관로에 진출하여 정종 2년(1400) 문하부門下府 좌산기左散騎가 되어, 훈친勳親들에게 사병을 허여許與하는 제도를 없애고, 병권을 모두 중앙에 집중시키자고 역설하였다.24) 당시 사병혁파의 문제는 왕권강화와 밀접히 관련되어 있는 사안으로 곧은 소리를 하는 김약채의 강인한 성품을 잘 보여준다. 이후 그는 대사헌을 지내고, 태종 4년(1404) 충청도 도관찰사가 되었다. 아마도 이를 계기로 충청도 연산에 근거지는 더욱 확고히 뿌리를 내렸다고 생각된다.

따라서 김약채가 연산連山 광김光金의 입향조入鄕祖였다는 점은 분명하다고 하겠다. 다만 그의 묘는 양주 풍양현에 있었고[失傳], 아들 김문의 묘는 장단에 있었던 것으로 보아, 관직 생활 때문에 아직도 개성 근방에 근거지를 가지고 있었던 것으로 보인다.

김문金問(1373~1393)은 태조 1년(1392) 20세에 을과乙科에 3등으로 합격하여 예문관검열藝文官檢閱에 보임補任되었다. 김문이 임명되었던 예문관 검열은 사초史草를 기록하는 일을 담당하는 직책으로 병필지임秉筆之任이라는 별칭이 붙어 있었다. 병필지임은 "국가에 가장 중한 것인데, 추천한 사람이 적당하지 못하면 반드시 그 재앙이 있을 것이다."라고 할 만큼 중요한 자리였다. 그런데 국조國朝의 한림은 황희黃喜·김문金問으로부터 비롯하였다는 이야기가 전해지는데, 김문의 문재文才가 남달랐음을 추측할 수 있다.25) 그러나 김문은 예문관 검열에 보임된 바로 다음 해 태조 2년(1393)에 병을 얻어 21세의 나이로 요절하였다. 그의 처가 다음 장에서 살필 양천허씨이다.

2) 연산광김의 시조모始祖母 양천허씨

김문의 처 양천허씨는 고려 고종 45년(1258) 평장사平章事 최자崔滋의 문하생으로, 『고금록古今錄』을 편찬한 허공許珙(1233~1291)의 현손녀玄孫女이다. 아버지는 대사헌大司憲 경혜공景惠公 허응許應이다. 허응은 공민왕 20년(1371)에 생원과에 급제하였다. 공양왕 3년(1391) 당시 사회의 폐단을 거론하면서 배불론排佛論을 강력하게 주장하다가 왕의 노여움을 샀다. 그 뒤 좌상시左常侍에 보직되어 이성계李成桂의 신진세력에 가담하였고 시폐를 혁신할 것과 전제의 개혁을 주장하였다.26)

조선이 개국된 뒤 여러 요직을 거쳐 태종 5년(1405)에 대사헌에 올랐다. 허응은 태종 6년(1406) 개가와 가묘 문제 등에 관한 시무 7조를 임금에게 올렸다.27) 허응의 졸기卒記에는 그를 다음과 같이 평가하고 있다.

> 전 개성유후 허응이 졸하였다. 허응은 양천사람인데 개성윤開城尹 허교許僑의 아들이다. 공민왕 20년(1371)에 급제하여 여러 번 대간관臺諫官을 지냈다. 성품이 인자하여 항상 의약醫藥을 남에게 베풀어 치료해 준 것이 매우 많았다. 운명할 때에 이르러 아들 허반석許盤石 등에게 경계하기를 부도浮屠의 법을 쓰지 말라 하고 또 남자는 부인의 손에서 죽지 않는다 하고 시녀를 물리치고 작은 방에 나가서 임종을 맞았다. 임금이 부의賻儀를 보내어 사제賜祭하고 시호를 경혜景惠라 하였다.28)

이렇듯 허응은 고려후기 과거에 합격하고 배불론을 주장하는 사대부 가문으로서, 조선건국과 사회개혁을 주도하던 인물이었다. 또한 김약채와 허응은 이색의 문생이었다. 따라서 김문과 양천허씨의 결혼은 당시 명문대가의 혼인이었다. 그리고 그 혼인의 배경은 고려후기 사회개혁을 주도하고 조선을 건국한 세력의 동지적 결합이라고 보아도 좋을 듯하다.

그런데 김문이 21살의 나이로 요절하자 허씨부인은 17세의 나이로 과부가 되는 운명을 맞이하였다. 이 양천허씨陽川許氏의 묘가 현재 논산시 연산면 고정리高井里에 있는데, 청상과부로서 수절하면서 자손들을 잘 키워 가문을 일으킨 여장부로 칭송되고 있다. 이후 연산을 세거지世居地로 하여 활동한 후손들의 묘가 연산 일대에 집중적으로 분포하고 있다. 그녀야말로 광산김씨의 일파가 연산에 뿌리를 내리게 되는 시조모始祖母였다고 할 수 있다.

양천허씨에 대한 대표적인 글은 신독재 김집이 남긴 선조비先祖妣

증 정경부인贈貞敬夫人 양천허씨陽川許氏의 묘갈이다.29) 이 묘갈은 인조 13년(1635) 1월 김집이 62세 되던 해에 쓴 것으로, 허씨 묘 앞에 비석이 없어서 김집이 일가들을 선도先導하여 돌을 다듬어 세우고 비문을 찬하여 썼다고 전해진다. 그와 동시에 경기도 장단에 있던 김문의 묘비가 너무 오래되어 묻히고 마멸되었으므로, 그곳도 선생이 일가들을 선도하여 돌을 다듬어 세우고 묘갈명을 찬하였다고 한다.30)

양천허씨의 묘갈 내용을 몇 부분으로 나누어 살펴보면 다음과 같다. 첫째는 양천허씨를 연산 입향入鄕의 모태였음을 밝히는 부분이다.

> ① 아, 여기가 우리 선조비 허씨許氏의 묘소이다. 선조고의 묘소는 장단長湍에 있으니, 연산連山에 장례를 모시는 것은 우리 선조비로부터 시작되었다. 우리 김씨는 이 나라의 고가故家로서 오래 전 신라와 고려 때부터 이름이 났고, 고려 말기부터 지금까지 300년 동안에도 가업이 그대로 계속되어 왔는데, 그것은 실로 우리 선조비 때문이었다. 선조비의 굳은 절개와 빛난 행실이야말로 앞과 뒤를 빛내고 복되게 하기에 충분하며 앞으로 천 년이 가도록 영원히 입에서 입으로 전해질 것이지만, 그분의 묘 앞에 세계世系를 밝힐 만한 현각顯刻이 없어 자손들로서는 유감이 아닐 수 없었다. 그리하여 서로 논의한 끝에 그 시말을 기록한 비를 세우기로 한 것이다.

두 번째는 양천허씨의 집안 내력을 기록하여 명문 가문의 딸로서 자라고 교육받았음을 강조하는 부분이다.

> ② 삼가 가락국駕洛國의 후예들을 살펴보면 휘 선문宣文이라는 분이 양천陽川의 공암孔巖에서 살기 시작했는데, 오랫동안 모아 두었던 곡식을 털어 고려 태조의 남정군南征軍에게 군량미를 대주었던 공로로 공암의 촌주村主가 되었고 이어 그곳에 적籍을 두게 되었으니,

그분이 바로 우리 선조비의 시조이다. 그분으로부터 이후로는 대를 이어 명망 있는 이가 나왔는데, 고조는 휘가 공진珙으로 첨의중찬僉議中贊을 지냈고 시호가 문경文敬이며 고려 충렬왕忠烈王의 사당에 배향되었다. 증조는 휘가 관冠으로 판도좌랑版圖佐郞을 지냈고 찬성사贊成事에 추증되었으며, 조부는 휘가 교僑로 개성윤開城尹을 지냈고, 아버지는 휘가 응應인데 사헌부 대사헌을 지냈고 시호는 경혜景惠이다. 우리 선조비는 이렇듯 명문에서 태어나 나이 몇 살일 때 우리 선조고에게 시집오셨던 것이다.

세 번째는 진-영리-약채로 이어지는 가계와 남편 문問이 예문관 검열에 임명되었으나 젊은 나이에 요절하는 비운을 적고 있다.

③ 우리 선조고는 휘가 문問이고 씨氏가 광주光州이며 신라의 후예이니, 바로 대사헌 휘 약채若采의 아들이다. 조부는 휘가 정鼎으로 광성군光城君에 봉해졌고, 증조는 휘가 영리英利로 군기시軍器寺 판사判事를 지냈으며, 고조는 휘가 진積으로 정당문학政堂文學을 지냈고 시호는 장영章榮이다. 선조고께서는 젊은 나이로 과거에 급제하여 한원翰院에 뽑혀 들어갔다가 얼마 안 가 세상을 뜨셨다.

네 번째는 김문의 죽음으로 과부가 된 허씨가 평생수절을 결심하고 시가가 있던 연산으로 와 일생을 마치고 정려를 받았다는 사실을 기록하고 있다.

④ 그러자 선조비께서 나이 겨우 17세에 의지할 남편을 잃었으므로 부모님이 가엾게 여겨 재가를 시키려고 상대와 약속까지 다 해 놓으셨다. 그러나 우리 선조비께서는 그러한 사실을 처음 아시자 곧바로 고아孤兒를 업고 시부모가 계시는 시가로 달려와 일생을 마쳤으며,

나라에서도 그 일을 알고 정려旌閭를 하여 지금까지도 그 편액이 길가에 밝게 걸려 있고 그 사적이 마치 어제 일이나 되는 듯이 역사에 빛나고 있다.

경태景泰 을해년(1455)에 선조비께서 집에서 돌아가셨는데, 연대가 너무 멀어 향년이 얼마인지 자세하지 않으나 맏아들인 감찰공監察公의 생졸년生卒年을 기준하여 미루어 보면 아마 78, 9세 때인 듯하다. 장례는 연산 우두리牛頭里의 고정산高井山을 새로 잡아 곤좌로 모셨으며, 뒤에 손자 의정공議政公의 현달로 인하여 정경부인에 추봉되었다. 우리 선조비의 성품이나 규문 법도는 틀림없이 남다른 점이 있었을 것이나, 지금으로서는 그 큰 것을 들어 추측할 뿐 한두 가지도 따로 들추어낼 수가 없다.

다섯째는 허씨가 수절하면서 키운 김철산 이후 연산에 자리 잡은 광산김씨의 가문이 번성하게 되는 과정을 적고 이를 모두 허씨의 열행 덕분으로 칭송하는 부분이다.

⑤ 아들은 철산鐵山으로 바로 그때 업고 온 아이인데, 덕을 쌓느라고 크게 능력을 발휘하지 않아 벼슬도 사헌부 감찰에 그쳤고, 선조비보다 먼저 세상을 떴으나 그 후 영의정과 광성부원군光城府院君에 추증되었다. 이 어른은 슬하에 4남 2녀를 두었으니, 맏이는 국광國光으로 좌의정에 광산부원군이고, 다음은 겸광謙光으로 좌참찬에 광성군이고, 다음은 정광廷光으로 제용감濟用監 첨정僉正이고, 다음은 경광景光으로 승문원承文院 판교判校이며, 딸은 재전부정梓田副正 이효온李孝溫과 생원 권술權述에게 시집갔다.

그 각 파가 지금 8, 9세를 내려오면서 다 셀 수 없을 정도로 번성하였는데, 사이사이에는 존귀하고 현달한 이들이 배출되었는가 하면 훌륭한 명망과 덕을 지니고 시례詩禮로 서로 전해 오기도 하였으니, 요컨대 모두 선대의 아름다움을 이어 가풍을 다시 진작시켜 왔으며,

현재도 이름이 관리의 명부에 올라 미래를 빛낼 사람이 다수 있는 것이다. 이 얼마나 자랑스러운 일인가.
 아, 쓰러진 나무에도 새 움이 돋는 법인데, 하물며 덕을 쌓고 행실을 가다듬기를 보통 사람들보다 백 배나 천 배나 하신 우리 선조비로서야 오랜 수를 누리신 것은 당연하다 하겠고, 거의 끊어질 뻔했던 세대도 마치 북채에 북소리가 상응하듯이 또는 형상이나 소리에 그림자나 메아리가 따르듯이 다시 번창하게 되어 끼쳐 준 은덕의 보답을 받아 누리고 있으니, 선행에는 복이 따른다는 그 이치란 과연 속일 수가 없는 것이다. 이것은 바로 우리 김씨가 흥쇠興衰한 역사인데, 하늘이 후하게 대우해 주신 뜻을 몰라서는 안 되겠기에 대략 전후의 세계世系를 갖추고 아울러 선조비의 사적을 곁들여서 후세에 알리기로 한 것이다.

 이렇듯 신독재 김집의 묘갈은 연산에서 자리 잡은 광산김씨에게는 양천허씨가 그들의 모태라는 공통의식을 표출하고 있다. 따라서 이 일대에는 양천허씨에 대한 일화가 구전되어 내려오면서 각종 문헌에도 기록이 되었다.

4. 양천허씨의 삶과 교훈

 양천허씨의 절행에 대한 기록은 관찬사서官撰史書인 『조선왕조실록』과 관찬지리지인 『신증동국여지승람』・『여지도서』 및 『사찬지리지』 그리고 『동국신속삼강행실도』 등에서 찾을 수 있다. 『조선왕조실록』의 기록은 세종 2년(1420)에 보인다.
 세종이 즉위하여, 효자・절부・의부・순손順孫이 있는 곳을 찾아

실적을 아뢰라고 명령하였다. 처음 보고된 자는 수백 명이 넘었다. 임금이 그 중 특별히 행적이 뛰어난 자를 추려내라고 명령하였고, 이에 41명이 보고되었다. 이 가운데 양천허씨의 행적이 있다.

> 연산連山의 급제及第 김문金問의 처 허씨許氏는 나이 20세에 지아비가 죽었는데, 무덤 곁에 여막을 치고 몸소 조석상식을 드리어 능히 3년을 마쳤으며, 지금까지 곡읍哭泣을 그치지 않고 몸치장을 하지 않았다.31)

김집은 양천허씨 묘갈에서 허씨부인이 17세에 남편을 잃었다고 했으나, 실록은 20세라고 적고 있어 차이가 있다. 하지만 임금은 이 보고에 대하여 김문의 처 허씨를 비롯한 26명에게는 그 마을에 정문旌門을 세우고 요역徭役을 면제하라는 명령을 내렸으며, 15명에게는 요량하여 벼슬을 주라고 하였다. 이른바 정표정책을 시행한 것이다.32)

이처럼 허씨부인에 대한 『조선왕조실록』 기록은 아주 간단하지만, 이 기사의 전체적인 내용을 살펴보면 주목할 점이 있다. 즉 이때 표창을 받은 열녀의 대부분은 지아비가 죽고 친정 부모가 개가를 시키려고 했지만, 이를 거절하고 절개를 지키는 경우였다. 그것은 조선전기 유교이념의 정착을 통해 사회를 안정시키려는 국가정책과 맞물려 있었기 때문이다.

고려시대의 혼인 풍속에서는 여성의 지위가 상당히 높았다. 여자도 호주가 될 수 있었으며, 호적에서 자녀 간에 차별을 두지 않고 연령순으로 기재하였다. 조선시대처럼 부계에 의해 장자, 장손으로 이어지는 직계 가족의 원리가 강조되지 않았던 것이다. 일부일처제에 입각한 결혼생활을 하였지만 다처제의 경우도 많았다. 고려시대 혼인은 부녀들의 이혼과 재혼이 비교적 자유롭고 떳떳했다. 근친혼 내지 동성혼도 널리 행해지고 있었다. 왕실과 귀족 가문에서의 내외 4촌간 내외 6촌간 혼인을 금지하는 법령이 자주 내려졌다. 물론 현전하는 사례를 볼 때 동성혼보다는 이성혼이 많았고, 그 비율은 고려후기로 내려갈수록 현저하게 증가하고 있었다. 그러나 조선왕조 건국과 더불어 유교적 이념이 더욱 강조되면서 고려 때와는 달리 개가보다는 수절이 더욱 강조되었던 것이다.

그렇다면 조선시대 열녀전에 수록된 인물들은 어떤 유교적 덕목을 실천함으로써 사회적 귀감이 될 수 있었는가. 그 유형은 상당히 다양하다.33)

〈표5〉 조선시대 열녀의 형태 분류 및 내용

형 태	내 용
A형 (자발적, 규범적 실천 사례)	가례+삼년상 가례+삼년상+수절 가례+삼년상+시묘 가례+삼년상+제사 수절/수절+효행
B형 (자발적, 자해적 실천 사례)	자살/단식자살 단지/단지+수절
C형 (우발적 상황의 신체 훼손 사례)	강간/강도/도적 외적/호환/화재

A형은 효, 열 실천이 자발적이고 정상적으로 이루어진 경우라고 할 수 있다. 여기에는 가례와 같은 일정한 예 규범이나 풍속에 따라 삼년상과 시묘를 행하고 수절을 하는 행위가 포함된다.

B형은 자발적인 실천이라고 볼 수는 있겠지만 보다 적극적이고 비정상적인 방법을 통해 효와 정조를 지키고자 한 경우이다. 여기에는

단지斷指, 할고割股, 단식斷食과 같은 자신의 신체를 훼손하는 비교적 소극적인 행위에서 보다 적극적으로는 단식, 투신, 독약에 의한 자살과 칼이나 목을 매 죽는 행위까지 다양하다.

C형은 우발적 상황에서 발생하는 것으로 전란, 화재, 호환, 도적 등에 대응하다가 부모나 남편을 위해 희생되는 경우이다. 이외에도 A+B 복합형, B+C복합형, A+C복합형 등 A, B, C 각각의 유형을 한 사람이 여러 시점에 걸쳐 복합적으로 실천한 복합형도 있다. 이 중에서도 열녀의 전형은 가례+삼년상+수절이 전형적인 형태라고 할 수 있다.

양천허씨의 절행은 A형으로 가장 전형적인 열녀의 표상이었다. 따라서 『신증동국여지승람』과 『여지도서』와 같은 관찬지리지에서도 중요한 내용으로 다루어졌다.

> ① 허씨許氏 : 대사헌大司憲 허응許應의 딸이다. 사인士人 김문金問에게 시집가서 나이 17세에 남편이 죽었다. 부모가 불쌍하게 여겨 다시 시집보내려고 약속을 이미 정했는데, 허씨가 이를 알고는 어린 아이를 업고 급히 시아버지의 집으로 달려가서 평생을 마쳤는데, 이 사실이 보고되자 명하여 정문旌門을 세웠다.34)

> ② 허씨許氏 : 본관은 양천陽川으로, 대사헌大司憲 허응許應의 딸이다. 검열 김문의 아내가 되었는데, 나이 17세에 남편이 죽었다. 부모가 불쌍하게 여겨 다시 시집보내려고 약속을 이미 정했다. 이에 허씨가 이를 알고는 바로 아이를 업고 급히 시아버지의 집으로 달려가서 평생을 마쳤다. 이 일이 조정에 알려져 정문을 세우고 표창했다. 『삼강행실록三綱行實錄』에 보인다.

인용문 ①은 『신증동국여지승람』, ②는 『여지도서』의 내용이다. 허씨가 대사헌 허응의 딸로서 명문가의 후손인데 17세라는 어린나이였으므로 부모가 개가를 시키려고 했으나, 이를 거절하고 시아버지가 있는 지방으로 내려가 평생을 수절했다는 내용을 담고 있다. 이를 『세종실록』의 내용과 대조해 보면, 남편을 잃은 허씨의 나이는 20세와 17세로 차이를 보인다. 그러나 남편이 죽자 무덤 곁에 여막을 치고 삼년상을 지냈으며, 개가를 거부하고 시집으로 달려가 평생을 수절했다는 내용은 공통적이다. 특히 『여지도서』에서는 이러한 내용이 『삼강행실록』에 근거한 것임을 밝혀두고 있다. 『삼강행실록』은 『동국신속삼강행실도』를 말한다.

> 허씨는 연산현 사람이다. 대사헌 허응의 딸로 사인士人 김문의 아내이다. 나이 열일곱에 지아비가 죽으니 부모가 가엾게 여겨 개가를 시키고자 약속을 이미 정하였다. 허씨가 그것을 알고 어린 자식을 업고 시아버지 집으로 도망가 일생을 마쳤다. 그녀가 살던 마을에 정문을 세워 표창하였다.35)

이 책은 조선 초기에 간행된 『삼강행실도三綱行實圖』·『속삼강행실도續三綱行實圖』의 후속편으로서, 임진왜란 이후에 정표旌表를 받은 충신·효자·열녀 등을 중심으로 하여 상·중·하 3편으로 편찬된 『신속삼강행실도新續三綱行實圖』를 토대로 하고, 『신증동국여지승람』 등의 고전 및 각 지방의 보고자료 중에서 취사선택하여 1,000여 사람의 간략한 전기傳記를 만든 뒤에 선대의 예에 따라서 각 한 사람마다 1장의 도화를 붙이고 한문 다음에 국문언해를 붙였다.

『동국신속삼강행실도』에서 수백 명의 우리나라 열녀를 제시한 것은 다름 아닌 절행에 대한 현실적 실천에 대한 당위성을 보다 강력하게 제시하기 위한 것이었다.『삼강행실도』에서 제시한 중국 고전 여인상 만으로는 조선 사회에서 받아들이기에 거리감이 컸기 때문이다. 그리 하여 779점의 열녀도를 그려야 한다는 난제 앞에서도 "그림이 없으면 쉽게 알기가 어려우니 화사가 그림을 잘 그리고 못 그리는 것이야 무슨 상관이 있겠느냐."고 방침을 내려36) 당시 화원 이징李澄, 이신흠李信 欽, 김수운金水雲, 김신호金信豪 등을 총동원시켰다.

<그림1>『동국신속삼강행실도』중「허씨수절」

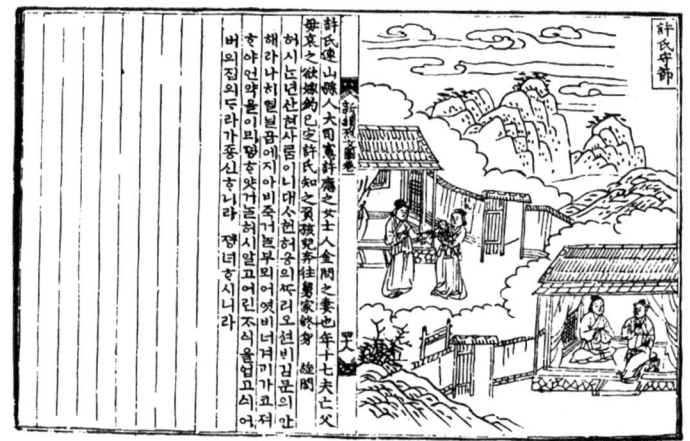

「허씨수절許氏守節」이라는 표제를 가진『동국신속삼강행실도』의 이 그림은 시가媤家로 도망하여 시부모를 봉양하고, 어린 자식을 키우며 평생을 살아간 허씨의 일생을 표현하고 있다.

그런데 이 책은 당시 모든 백성의 삼강윤리 및 도덕 교과서 성격을 띠고 있었다. 위인전기, 그림책이면서, 역사소설에 해당하였다. 따라서 허씨부인은 광산김씨 가문을 넘어 가장 장기간에 걸친 조선시대 여인의 도덕적 차원의 귀감이었다고 평가할 수 있다.

5. 결론

양천허씨는 고려후기 주자학을 사상적 배경으로 성장하고 조선 개국의 주도세력의 일원이 된 김련 계열의 광산김씨가 연산지방에 정착하게 되는 실질적인 계기를 마련한 인물이다. 그녀가 자신이 거주하던 개경에 머물면서 친부모의 의지대로 개가하였다면 연산의 광산김씨는 존재하지 않았을 것이다. 이런 의미에서 그녀는 연산 광김의 시조모始祖母라고 할 수 있다.

따라서 허씨부인의 유적이 남아 있는 연산일대에는 그녀와 관련된 이야기가 보다 구체화되어 구전되고 있다. 내용은 허씨부인이 아들 김철산을 훌륭히 길러내었고, 이후 후손이 매우 번성하여 연산이 광산김씨光山金氏의 중흥명지中興名地가 되었다는 것이다. 실제로 그녀는 생전에 손자 김국광, 김겸광, 김정광, 김경광이 태어나고 이들 가운데 김국광과 김겸광이 식년문과에서 급제하는 것을 직접 보았다. 또한 증손자 김극수가 태어나는 것도 보았다. 세조 13년(1467) 허씨 정려가 건립되고, 광산김씨들의 분암墳菴으로 영사암이 건립되었다.37) 이후 연산의 광산김문은 황강 김계휘를 비롯한 숱한 인물을 배출하였고, 사계 김장생・신독재 김집 같은 걸출한 인물이 나왔다.

그러나 광산김문의 구심점 역할을 해오던 양천허씨 관련 유적은 왜란과 호란을 겪으면서 본래의 모습을 유지하지 못하였다. 그것을 다시 자리매김한 것이 신독재 김집이다. 고암사 창건 이후 160여 년 뒤의 기록인 현종 12년(1617)의 「철권후록鐵券後錄」(만력 45년, 광해 9년)에서 신독재愼獨齋 김집金集은 '묘소의 수호를 위하여 마련되었던 철권鐵券에 집물什物, 전답田畓 등이 모두 명시되어 있었으나, 양란을 겪으면서 모든 물품이 탕연蕩然되고, 옛 규정이 보존되지 않았다.'고

아쉬워하고 있다.

그리하여 신독재는 옛 기록을 참조하여 인조 14년(1636) 다시 철권을 복구하여 모두 5책을 만들어 종가를 비롯한 4곳에 나누어 보관하도록 하고 있다. 그리고 인조 26년(1648)에는 김만증을 주축으로 「고정제사절목 부 제기 전답 치부책高井祭祀節目 附 祭器田畓置簿冊」을 마련하여 명실상부한 묘제 규식이 확립되기에 이른다. 이 묘제 규식은 17세기 중엽이후 일반화하는 호서지역 사족가문의 족계 및 제례의 선례가 되는 것으로 의미가 있다. 향후 더욱 많은 연구가 진행되어야 할 필요가 있다.

<부록> 양천허씨 연표

서기	왕대	연령	허씨 연표	역사 연표
1373	공민 22		김문 출생	
1374	공민 23			
1375	우왕 1			
1376	우왕 2			
1377	우왕 3	1	허씨부인 출생	
1378	우왕 4	2		
1379	우왕 5	3		
1380	우왕 6	4		
1381	우왕 7	5		
1382	우왕 8	6		
1383	우왕 9	7		
1384	우왕 10	8		
1385	우왕 11	9		
1386	우왕 12	10		
1387	우왕 13	11		
1388	우왕 14	12	김약채 충청도 연산입향	이성계 위화도회군
1389	창왕 1	13		
1390	창왕 2	14		

서기	왕대	연령	허씨 연표	역사 연표
1391	창왕 3	15		
1392	태조 1	16	김문 을과 3등 급제 / 예문관검열 임명	조선 건국
1393	태조 2	17	김문 卒 / 김철산 生(-1450)	漢陽 천도
1394	태조 3	18		
1395	태조 4	19	김약채 충청관찰사 임명	
1396	태조 5	20		
1397	태조 6	21		
1398	태조 7	22		제1차 왕자의 난
1399	정종 1	23		
1400	정종 2	24		제2차 왕자의 난
1401	태종 1	25		申聞鼓 설치
1402	태종 2	26		號牌法 실시
1403	태종 3	27		
1404	태종 4	28		
1405	태종 5	29		양전사업(6도)
1406	태종 6	30		
1407	태종 7	31		
1408	태종 8	32		태조 이성계 붕어

서기	왕대	연령	허씨 연표	역사 연표
1409	태종 9	33		
1410	태종 10	34		
1411	태종 11	35		
1412	태종 12	36		
1413	태종 13	37		
1414	태종 14	38		
1415	태종 15	39	손자 김국광 生(-1480)	
1416	태종 16	40		
1417	태종 17	41		지방 8도체제 확립
1418	태종 18	42		
1419	세종 1	43	손자 김겸광 生(-1490)	대마도 정벌 / 신문고 설치
1420	세종 2	44	정려의 명이 내림 〈세종실록〉	集賢殿 설치
1421	세종 3	45		
1422	세종 4	46		
1423	세종 5	47		조선통보 주조
1424	세종 6	48		
1425	세종 7	49		
1426	세종 8	50		

서기	왕대	연령	허씨 연표	역사 연표
1427	세종 9	51		향약구급방 간행
1428	세종 10	52	손자 김경광 生	
1429	세종 11	53		농사직설 배포
1430	세종 12	54		
1431	세종 13	55		
1432	세종 14	56		삼강행실도 편찬
1433	세종 15	57		혼천의 발명
1434	세종 16	58		전백성 삼강행실도 교육
1435	세종 17	59		주자소 설치
1436	세종 18	60	증손자 김극뉴 生(-1496)	의정부 서사제 실시
1437	세종 19	61		
1438	세종 20	62		
1439	세종 21	63		
1440	세종 22	64		
1441	세종 23	65	김국광 식년문과 급제	측우기 발명
1442	세종 24	66		
1443	세종 25	67		훈민정음 창제
1444	세종 26	68		공법실시

서기	왕대	연령	허씨 연표	역사 연표
1445	세종 27	69		
1446	세종 28	70		훈민정음 반포
1447	세종 29	71		용비어천가 주해 완성
1448	세종 30	72		
1449	세종 31	73	증손자 김극수 生	
1450	세종 32	74	아들 김철산 卒	
1451	문종 1	75		고려사 편찬
1452	문종 2	76		고려사절요 편찬
1453	단종 1	77	김겸광 식년문과에 급제	癸酉靖難
1454	단종 2	78		
1455	세조 1	79	허씨부인 졸	
1467	세조 13		허씨정려 건립 (연산 고정 수구밖)	
1475	성종 6		고암사 26칸 건립 (선조창립고암지)	
1541	중종 36		고암사 불상 개금	
1568	선조 1		고암사 범종 제작	
1581	선조 14		고암사 불상 개금	
1617	광해 9		동국신속삼강행실도 열녀전수록 / 철권후록 마련	

서기	왕대	연령	허씨 연표	역사 연표
1635	인조 13		김집 양천허씨 묘갈 씀	
1636	인조 14		김집 고암사 철권 복구	
1646	인조 24		영모재 건립	
1648	인조 26		고정제사절목 부 제기전답치부책 마련	
1685	영조 21		허씨 정려 이건 (거정리마을 앞)	
1705	숙종 31		고암사 완의	
1758	영조 34		고정암 중수 (고정영사암중수기)	
1800	정조 24		고정암 중수(중수기)	
1880	고종 17		양천허씨정려 중수 (중수기: 김지수)	

참고문헌

『고려사』, 『고려사절요』.
『조선왕조실록』, 『신증동국여지승람』, 『동국신속삼강행실도』, 『증보문헌비고』.
『용재총화』, 『양촌선생문집』, 『신독재전서』.

김용선 편저, 『고려묘지명집성』, 한림대, 1997.
박 주, 『조선시대의 旌表政策』, 일조각, 1990.
이철성, 『贈貞敬夫人陽川許氏 實記』, 광산김씨 영모재 종중, 2010.
김용섭, 「고려 충렬왕조의 <光山縣題詠詩序>의 분석-신라 金氏家 관향의 光州地域 정착과정을 중심으로」, 『역사학보』 172, 2001.
이수건, 「광산김씨 예안파 세계와 그 사회 경제적 기반-김연가문의 고문서 분석-」, 『역사교육논집』 1, 1980.
이정주, 「전국지리지를 통해 본 조선시대 忠, 孝, 烈 윤리의 확산양상」, 『한국사상사학』 28, 2007.
이해준, 「光山金氏 墳菴 '永思菴' 資料의 性格-충남 논산지역 광산김씨 사례-」, 『고문서연구』 25, 2004.
지두환, 「고려시대 사족세력의 형성과 변천-광산김씨를 중심으로」(I), 『역사교육논집』 14, 2001.
지두환, 「고려시대 사족세력의 형성과 변천」(II), 『역사교육논집』 15, 2002.
허흥식, 「고려 호구단자의 신례(광산 金璉, 金稹)와 국보호적과의 비교분석」, 『사총』 21, 1977.

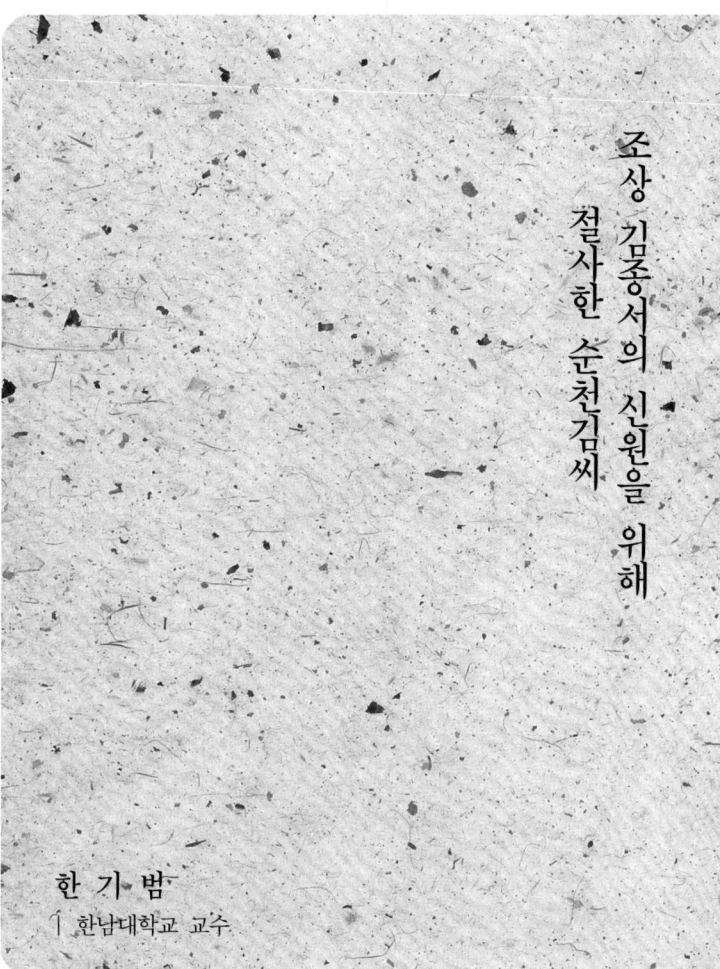

조상 김종서의 신원을 위해
절사한 순천김씨

한기범
한남대학교 교수

1. 머리말
2. 염선재의 가계와 생애
3. 염선재의 절행과 효열孝烈정신
4. 염선재의 효열에 대한 후대인의 현창
5. 맺음말

1. 머리말

조선사회는 유교이념, 특히 성리학적 사고가 지배한 사회였다. 성리학은 기본적으로 의리와 명분을 중시하고, 현실적으로 계층적 신분제를 인정하면서, 명실이 일치하는 사회를 이상으로 삼고 있었다. 그러나 양반층의 사람들이라 하더라도 이러한 명분사회의 틀 속에서 안주하는 사람들이 있었는가 하면 그 틀에서 억지로 이탈되어 고난을 당한 사람들도 적지 않았다. 특히 그것이 반역과 같은 특정의 정치적 사건으로 왜곡된 것일 경우, 그 피해는 치명적이었고 관련자들의 감내해야 할 고통의 기간은 대를 이어 수십 수백 년을 헤아리기도 했다. 두계 광산김씨가의 염선재 순천김씨(1572~1633)[1]도 그런 고통과 회한을 안고 살아야 했던 인물 중의 한 사람이었다.

염선재[2]는 단종대에 좌의정을 역임한 절재節齋 김종서金宗瑞의 7대 손녀이다. 김종서는 세종대에 6진 개척으로 조선의 북쪽 영토 확장에 크게 기여하였고, 단종대에는 수양대군의 정치적 야욕으로부터 단종을 복위하려다가 수양대군이 주도한 계유정란(1453)으로 반역의 누명을 쓰고 죽음을 당하였다. 이때 그의 직계 3대는 거의 몰살되는 참극을 당하였으나 일점혈육이 구사일생으로 살아남아 혈통의 명맥을 유지하게 되었으니 그의 가계 후손들은 신분을 감추고 음지에서 근근이 생존을 유지하여야 했다. 염선재 순천김씨의 친정 가계가 바로 그들이었다.

17세가 되었을 때 염선재는 기호학맥의 적전으로서 후일 서인계 산림의 종장이 된 사계 김장생의 둘째 부인[3]으로서의 새로운 삶을 시작한다. 이때 마침 사계는 첫 부인 조씨의 상을 당하여 막 3년상을 끝내고 있던 때였다. 염선재는 그의 조상인 절재 김종서의 신원伸寃을 위하여 신분을 감추고 명문대가인 사계가문에 시집 온 것이었다. 2년 후 장자 영榮이 태어나자 염선재는 이 사실을 사계에게 고백하였고, 사계는 부인의 비원을 이해하고 절재 김종서의 명예 회복의 당위성에 공감하였지만, 여건이 성숙되지를 못하여 끝내 조정에 그 뜻을 상주하지 못하고 서거했고, 김씨부인은 이것을 한탄하며 사계의 뒤를 따라 절사節死하였다.

한 편의 드라마와 같은 이러한 순천김씨의 생애에는 그 속에 조선시대의 비정한 정치사가 담겨 있고, 조작된 역적의 후손으로 살아가야 했던 몰락한 가문의 한 여성의 한恨과 설원雪冤의 염원이 담겨 있으며, 양반가 여성의 생활사의 일면이 생생하게 담겨 있다. 그리고 거기에는 또한 조선여성의 출중한 효열孝烈의 정신이 배어 있다.

지금까지 염선재 순천김씨에 대한 학술적 연구는 아직 발표된 바가 없다. 본고에서는 이 논고를 준비함에 있어서 그의 일대기를 모은 책자인 『잠소록潛昭錄』[4]과 순천김씨順天金氏 광산김씨光山金氏 두 문중門中의 족보族譜 등 문중자료[5]를 주 자료로 삼고, 여기에 『조선왕조실록』, 『여지도서』, 『오륜행실도』 등의 관찬자료[6]를 참고하였다. 서술의 순서는 먼저 염선재의 가계와 생애를 검토하고, 다음으로 그의 절행과 효열정신을 살필 것이며, 이어서 후대인들의 그에 대한 현창顯彰 사실들을 검토할 것이다. 그리고 맺음말에서는 이러한 염선재의 출중한 효열의 삶을 요약하고, 그것이 오늘의 우리에게 주는 시사점이 무엇인지를 덧붙여 생각해 보고자 한다.

2. 염선재의 가계와 생애

1) 가계家系

염선재 김씨부인의 본관은 순천順天이다. 순천김씨의 시조는 평양

군평양군君平陽君 김총金摠이고, 염선재는 좌의정을 지낸 절재節齋 김종서金宗
瑞의 7대 손녀이다. 아버지는 직장直長 김수언金秀彦이고 어머니는 숙
부인 남양홍씨로 당평군唐平君 홍천옥洪川玉7)의 따님이다. 선조 5년
(1572) 6월 21일 은진恩津 채운리彩雲里8)의 집에서 태어났다.9)

염선재의 가계家系에서 주목되는 것은 절재 김종서의 조부 이후의
그의 직계도이다. 김종서의 파계는 지평공파이며, 지평공은 곧 김종서
의 조부 김태영이기 때문이다. 염선재 김씨부인의 가계를 도표화 해보
면 대개 다음과 같다.

〈표1〉 순천김씨 지평공파 가계도10)

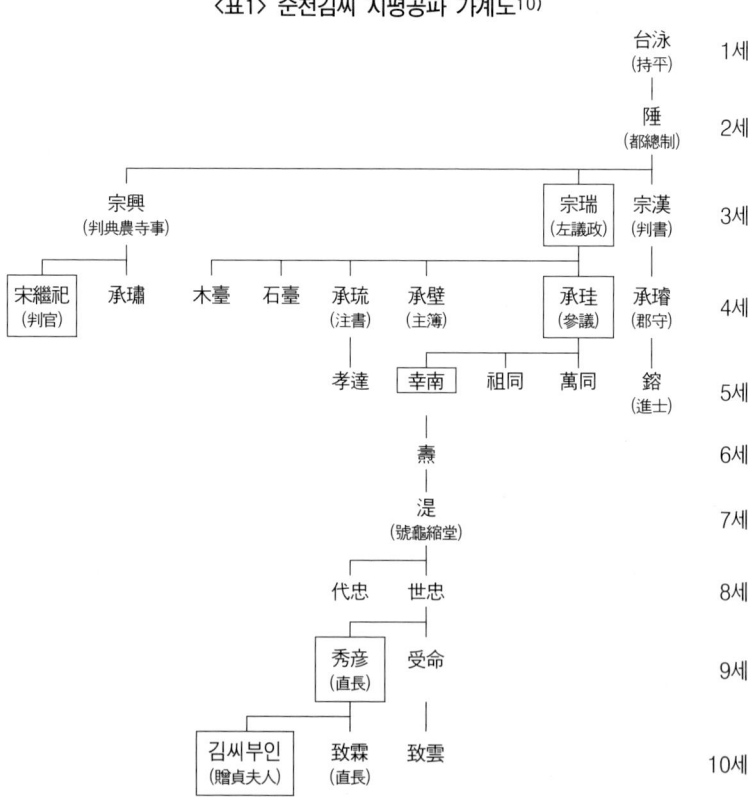

조상 김종서의 신원을 위해 절사한 순천김씨

　김태영11)은 문과로 지평持平을 역임한 인물로 순천김씨 지평공파의 중시조이다. 그는 순천김씨의 공주 입향조入鄕祖가 된다. 그가 어떤 연유로 공주公州에 입향하였는지는 분명하지 않다. 문중의 전언으로는 공주 요당이 순천에서 서울로 오가는 길목의 중간에 위치하여 편의상 집을 마련한 것이라고 한다. 그러나 김태영의 배위(선산김씨)의 외조가 전의이씨 이자화李子華라는 점을 고려하면 그것이 그의 공주 입향 동기가 되었을 가능성이 없지 않다. 『세종실록지리지』에 의하면 이씨李氏는 유씨兪氏와 함께 당시 전의全義의 토성土姓이었고, 실제로 계유정란(1453) 때 김승규(김종서의 장남)가 전의의 이로李老의 집으로 피신하였다는 기사12) 등이 방증 자료가 될 수 있다.13) 또한 그것은 여말선초의 혼인 관행이 대개 남귀여가혼男歸女家婚의 형태를 취하였던 점에 근거하여 이해할 수도 있을 것이다. 즉 선산김씨의 아버지가 처가를 따라 전의에 입향하여 전의 사람이 되었고, 김태영이 처가를 따라 전의에 인접한 공주 요당에 입향했을 가능성이 없지 않다는 것이다.

　김종서의 아버지 도총제 김수는 아들 3형제를 두었는데, 장자 종한은 이조판서에 올랐고, 차자 김종서는 좌의정에 올랐으며, 3자 종흥은 판전농시사를 역임하는 등 순천김씨는 이때에 이르러 가문이 크게 번창하였다. 그리고 종한의 아들 승선은 옥천군수였고, 종서의 아들 세 명 중 장자 승규는 병조참의, 차자 승벽은 문과를 거쳐 종부시 주부였고, 3자 승류는 승정원 주서였다. 또한 김수의 3자인 종흥은 1남 2녀를 두었는데 장남은 무후하였고, 장녀서長女婿는 송계사宋繼祀, 차녀서는 이계우였다. 송계사는 회덕의 처사 쌍청당 송유의 장자이다.

　15세기 중엽, 이러한 출중한 문중세를 이루고 있던 김종서의 가계에 엄청난 정치적 파란이 불어 닥친 것은 단종 1년(1453)의 계유정란癸酉靖亂이었다. 수양대군(세종의 차자)은 형 문종이 세종의 왕위를 계승한 후 2년 만에 병으로 죽고, 12세의 어린 조카 단종이 왕위에 오르자 왕권을 뺏고자 혈안이 되어 있었다. 그리하여 그는 사병을 동원하여 단종을 보위하던 중심세력인 좌의정 김종서를 유인하여 죽이고 그와 우익을 이루던 영의정 황보인, 우의정 정분 등도 모두 참살하였다. 이것이 이른바 계유정란이다. 이 정란으로 인하여 절재 김종서가 죽고 그의 네 아들(승규, 승벽, 석대, 목대)과 그의 세 손자(승규의 아들 만동과 조동, 그리고 승벽의 아들 중남)들도 모두 처형되었다.14) 김종서 집에서만 8명이 날조된 반역에 연루되어 졸지에 목숨을 잃게 된 것이었다. 뿐만 아니라 김종서가의 여성들은 모두 노비의 신분이 되어 그들의 가해자였던 정란공신들의 집이나 관가의 종으로 끌려가는 아픔과 수모를 감내해야 했다.15)

계유정난이 일어나던 그 날, 김종서의 장자 승규는 수양대군의 일당이 아버지에게 내려지는 철퇴를 자기가 대신 막다가 그 자리에서 바로 절명하였다. 그러나 그런 와중에서도 승규의 3살 된 아들 행남幸南은 다행히 난을 피하여 목숨을 보전할 수 있었다. 유모가 아이를 업고 남쪽 송고댁宋姑宅(송씨 고모댁)으로 내려가 몸을 피한 것이었다. 여기서의 송고댁은 김종서의 동생 김종흥의 장녀서長女婿인 회덕의 송계사 집이었을 것이다. 이에 대해서는 다음의 실록 기사가 참고가 된다.

좌의정 홍치중이 말하기를, "김익량金翼亮16)의 일은 일찍이 선정신先正臣 김장생金長生과 송시열宋時烈 양가兩家의 말을 들어보건대, 김익량은 김종서金宗瑞의 자손임이 분명했습니다. 송시열의 5대 조부(송계사-필자)가 김종서의 질녀서姪女壻로 그때 3세의 아이를 숨겨주어 김종서의 뒤가 보존되게 했었는데, 곧 김익량의 선조先祖였습니다.17)

송계사(1407~?)는 회덕의 쌍청당 송유의 장자이다. 아버지 송유는 일찍이 벼슬에 올랐으나 태종이 신덕왕후 강씨를 종묘에 부의하지 않자 실망하여 벼슬을 버리고 낙향하여 쌍청당을 짓고 청백한 삶을 즐기며 살았다. 세상에서는 그를 은덕불사隱德不仕라고 평하였다.18) 박팽년은 그가 지은 「쌍청당기」에서 '쌍청'을 '청풍명월淸風明月'로 풀이하고, 쌍청당 송유를 백이伯夷에 비유했다.19) 쌍청당은 당시 회덕을 대표할 만한 명사였고, 이 무렵 송계사도 문과에 급제하여 벼슬이 주부主簿에 올라 있었으며, 당시 그 부인인 김씨부인은 재산을 수만금 모으고 있다고 하였다.20) 따라서 송계사의 집은 유모가 믿고 찾아갈 만한 의지처였을 것이다.

그러나 회덕의 송씨 고모댁에서도 형세로 보아 이 아이를 오래 데리고 있을 수는 없는 노릇이었다. 그리하여 행남은 다시 무주 족인族人의 집으로 보내졌는데, 이때 고모댁에서는 유모에게 절재 김종서의 세계世系 1본과 김종서의 친필 수찰手札 3장을 주면서 후일 이것을 징표로 삼으라 하였다. 무주로 내려간 행남은 얼마 후 부안의 앞바다에 있는 위도蝟島로 숨어 들어가 승평김씨昇平金氏로 변성명하고21) 몸을 피하였다. 이후 행남은 여기서 성장하고 혼인하여 아들 도燾를 낳았고, 도가 그의 만년에야 은진恩津의 채운彩雲으로 나와서 이후의 후손들이 이곳에서 정착하게 된다.22) 그런데 이때 그들이 은진으로 나와서 자리를 잡고 생계를 꾸려갈 수 있게 한 것은 역시 회덕의 은진송씨댁이 아니었나 한다. 그것은 회덕 '송씨 고모댁'의 고모인 순천김씨(김종홍의 녀)에 대한 다음 기사에서도 추정이 가능하다.

홍치弘治 신유辛酉 정월 기미에 사헌부 지평 송공宋公 계사繼祀의 부인 김씨가 병환으로 충청도 회덕현의 사제에서 서거하였다. 향년이 95세였다. …… 부인의 계통은 순천順天에서 나왔다. 증조 태영台泳은

병조판서를 추증 받았고, 조부 수隆는 벼슬이 총제摠制이다. 부친 종흥
宗興(김종서의 아우-필자)은 벼슬이 판전농시사判典農寺事이다. …… 김
씨는 어려서부터 현숙한 덕행이 있었으며, 출가해서는 한결같이 변치
않고 『여칙女則』23)을 따랐다. …… 천성이 엄숙하면서도 인자하였다.
집을 다스리는 데에 악착스럽게 하지 않아도 '수만금의 재산'을 쌓았
다. 화려한 것을 좋아하지 않았으며, 또 불교를 좋아하지 않았다. 혹
누가 불교를 권하면 반드시 이렇게 말하였다. 부인은 "다른 일이 없다.
일가들 중에서 외롭고 가난한 사람을 돌보아 주면 된다." 그리하여 항상
미치지 못하는 것같이 하였다.24)

홍치 신유년은 연산 7년(1501)이니 공인김씨恭人金氏가 95세에 서
거하였다면 그의 생몰년대(1407~1501)를 알 수 있는데, 이 기간은 염
선재 순천김씨가가 부안 위도에서 은진 채운리로 이거한 시기와 대개
근접한다.25) 특히 공인김씨가 '수만금의 재산을 쌓았다.'고 했고, 혹
누가 불교를 권하면 반드시 부인은 "다른 일이 없다. 일가들 중에서
외롭고 가난한 사람을 돌보아 주면 된다."고 하였으며, 또 항상 구호가
미치지 못하는 것같이 하였다고 하였으니 아마도 그의 생전에 이들
순천김씨가에 대한 그의 지원이 분명히 있었을 것으로 사료된다.26)
그런데 조선전기의 『신증동국여지승람』이나 후기의 『여지도서』에
서 은진현을 보면 덕은면德恩面에는 거주성씨에 송씨가 없지만, 이웃
의 시진면市津面과 채운면彩雲面에는 송씨가 거주성씨로 기록되어 있
다.27) 그렇다면 당시 시진과 채운에 살았던 송씨가 그곳에 세전하는
전답을 가지고 있었고, 그 일부가 이들 순천김씨가의 생계수단으로
제공되었을 것으로 해석된다.

은진 채운으로 이사 나온 도燾는 여기서 식湜을 낳고 식은 다시 세충
世忠과 대충代忠을 낳고 세충은 수명受命과 수언秀彥을 낳았는데 수언

이 바로 염선재 김씨부인의 아버지로 절재 김종서의 6대손이 되는 인물이다.

순천김씨 족보에서는 김수언에 대해서 다음과 같이 기록하고 있다.

> 수언秀彦의 자는 사미士美이고 호는 양진養眞이다. 시詩로써 세상에 이름이 났으며 필법이 더욱 묘하였다. 청좌공 영천군수 송이창宋爾昌과 수옹 송갑조宋甲祚와 더불어 종유하였다. 임진란이 평정된 후 원종공신록에 올라 예빈시 직장을 제수 받았으나 조상이 아직 신원伸寃되지를 못하여 벼슬에 나아가지 못하였다. 아들 치림致霖의 의거義擧의 공으로 통정대부 호조참의에 증직되었다.28)

이로써 보면 김수언은 시詩와 서예書藝가 출중하였고, 동춘당 송준길의 아버지인 송이창(1561~1627)과 우암 송시열의 아버지인 송갑조(1574~1628) 등과 더불어서 종유하는 사이였음을 알 수 있다. 이러한 교유는 아마도 앞에서 본 송계사(1407~?)와 순천김씨(김종흥의 녀)와의 혼맥에서 연원하는 것이겠으나, 그것은 또한 후일 송이창이 김계휘의 문인이 되고, 또 김은휘의 사위가 되는 인연으로 더욱 가까워진 것으로 보인다. 김수언은 임진왜란 중에 장인 홍천옥이 쌓은 공훈으로 인하여 예빈시 직장을 제수받는다.29) 『순천김씨족보』 김수언 조에 의하면 홍천옥은 남양홍씨이며 호가 양진당이고 당평군으로 기록되어 있는데, 당평군은 아마도 임란 중의 공적으로 얻은 지위로 보인다.30)

그런데 여기서 주목해야 할 것은 김수언의 직장直長 제수가 염선재가 혼인을 통해 광산김문에 들어오게 되는 시점과 어떤 시간적 연관을 가지는가 하는 점이다. 그것이 혼인과 그 이후의 김씨부인의 신분적 지위를 이해하는 하나의 단서가 될 수 있기 때문이다. 이에 대해서는 다음 절의 '염선재 김씨부인의 생애'에서 상술하기로 한다.

2) 생애

염선재 순천김씨의 생애는 대개 생장기, 혼인기, 절사기節死期로 대분해 볼 수 있고, 혼인기는 다시 관인유자의 아내로서의 삶과 8남매의 어머니로서의 삶으로 나누고, 절사기는 사계의 삼년상三年喪과 단식절사斷食節死를 묶어서 하나로 살필 수 있을 것이다. 이제 염선재의 아들 김규金㮚(荳溪公)가 지은 김씨부인의 「묘지문墓誌文」과 「유사遺事」를 중심으로 이를 정리해 보기로 한다.

(1) 생장기(1572~1588)[31]

염선재 순천김씨는 선조 5년(1572) 6월 21일 은진恩津 채운리彩雲里[32]의 집에서 아버지 직장直長 김수언金秀彦과 어머니 숙부인 남양홍씨 사이의 장녀로 태어났다. 어머니 남양홍씨는 당평군唐平君 홍천옥洪川玉[33]의 따님이다.

염선재는 어려서부터 성품이 부드럽고 맑고 효도를 돈독히 하여 잠시라도 부모의 곁을 떠나지 않았다. 겨우 8세에 아버지가 병이 위독하여 의원도 병을 찾지 못해 치료가 어려운 지경에 이르자, 사당祠堂 앞에 엎드려 주야로 3일 동안 울면서 기도하자 아버지의 병환이 나아졌다. 그리고 몇 년 후에 다시 아버지가 가래 병이 고질병으로 생겨서 갑자기 얼음물을 마시고 싶어 하셨다. 당시는 여름이어서 얼음을 구할 수가 없었지만 염선재가 울면서 정성을 다하여 찾으러 다녀서 수일 후에 뜻하지 않게 울타리 조약돌 밑에서 한 덩어리의 얼음을 얻었고, 이것을 드려서 과연 효과가 있었다. 사람들이 축하하면서 말하기를, "하늘의 효孝가 과연 이 낭자에까지 미치는구나."라고 찬탄하며 생정려生旌閭를 세울 만하다고 하였다.

옛 사람이 말하기를 '효는 백행의 근원'이라 하였으니, 생장기에 있어서 염선재의 다른 덕행은 가히 헤아릴 수가 있다. 위에서의 염선재의 효행은 여름에 얼음을 구했다는 사실이 다소 의아한 점이 없지 않으나, 당시 사람들이 그의 효행을 귀하게 여겨서 생정려(산 사람에게 내리는 정려)를 세울 만하다고 하였으니 그의 평소의 돈독한 효심과 효행을 가히 짐작할 수 있다.

염선재의 가정교육이 어떠했는지에 대해서는 언급된 자료가 보이지 않는다. 그러나 아버지 김수언이 시詩로써 세상에 이름이 나 있었고 글씨가 또한 출중하였으며, 지역사회에서 당대의 명망가였던 송이창(송준길의 아버지), 송갑조(송시열의 아버지) 등과 교유하였다고 하였으니,34) 염선재가 가정에서 기본적인 유교적 가르침을 받았을 것은 어렵지 않게 감지할 수 있다 하겠다.

(2) 혼인기(1588~1633) － 혼인과 내조

염선재는 17세에 사계의 둘째부인으로 혼인하여 명문가인 광산김문에 들어오게 된다. 이보다 먼저 사계 김장생은 1586년, 부인 창녕조씨昌寧曺氏의 상을 당하였다. 당시 사계의 나이는 39세였다. 창녕조씨는 첨중추 조대건의 따님으로 슬하에 은櫟, 집集, 반槃 3형제와 두 딸을 두었는데, 당시 집集(문경공)과 반槃(허주공)은 각각 13세, 7세였다.35) 사계는 예법에 따라 자식들이 어머니 조부인에 대하여 기년상을 모시게 하였으나, 상기를 마치고도 심상心喪으로 삼 년을 채우게 배려하였다. 그러나 자식들이 아직 나이가 너무 어렸으므로 양육을 위해서라도 재혼을 서두르지 않을 수 없는 상황이었다.

한편 1588년 10월, 염선재의 아버지 김수언은 울면서 딸에게 다음과 같이 말하였다.

좌의정공(김종서를 칭한 것-필자)의 곧고 충성스러운 큰 절개는 삼강三綱을 군건히 했고 백세를 장려하게 했지만, 엎어진 동이 밑에 햇빛이 비춰지 못하니 반드시 높은 덕망을 지닌 군자가 거론한 이후에 거의 가능성이 있을 것이다. 지금 조정에 가득한 덕망으로 사계沙溪 김공金公을 넘는 사람이 없고, 김공이 마침 아내의 상중喪中에 있으니 네가 만약 아내가 되어 모실 수 있다면, 우리 집안이 덕을 보고자 하는 것이 아니지만, 계유년癸酉年의 일36)에 대해 공정한 평가를 받을 수 있을 것이다. 너의 몸을 굽혀 조상의 억울한 일을 해결할 수 있다면 이보다 더 큰 의리義理가 있겠는가?37)

선조인 절재 김종서의 억울한 한을 풀어 그 절개를 세상에 드러내는 길은 사계와 같은 덕망을 지닌 군자의 도움이 필요하고, 따라서 염선재가 굴신하여 사계의 둘째부인이 된다면 이를 풀 수 있을 것인 바, 이것은 당장의 영달을 위한 것이 아니라 선조가 당한 억울함을 알려 공정한 평가를 받게 하는 의리를 펴야 한다는 논리였다. 어쩔 수 없는 상황이었지만, 의리의 당당함을 잃지 않으려는 기개가 엿보이는 대목이다. 염선재는 아버지의 이러한 기개를 닮고자 했고 실천하고자 했을 것이다.

김수언은 이 일이 있은 지 4년 뒤에 발생한 임진왜란 중에 장인 홍천옥의 전공으로 예빈시 직장을 제수 받았다. 그러나 조상 김종서가 아직 신원되지 못하였으므로 벼슬에는 나아가지는 못하였다. 당시 염선재에게는 손 아래로 남동생과 여동생이 각각 한 명씩 있었는데, 남동생 치림致霖은 선조 9년(1576)에 태어났고 후에 계해년(1623)에 거의擧義38)하여 군자감 직장에 제수되었으나, 그 아버지와 마찬가지로 선조 김종서의 신원 문제로 인하여 벼슬에 나아가지는 못했다.39) 이것은 당시 순천 김씨와 그의 가계의 신분적 지위를 감지할 수 있는 단서가 된다.

효성이 남달랐던 염선재는 아버지의 간곡한 당부를 듣고 마침내

이를 허락하였다. 그것은 아버지에 대한 효도의 표현이었고, 동시에 7대 선조인 절재 김종서에 대한 설원雪冤의 의지를 담은 굳은 결단이었다. 이때 아버지는 그에게 선대의 세계世系 1책과 절재공의 수찰手札 3장을 주면서 경계하여 말하기를, "'역적 집안의 자식을 취하지 않는다.'는 성인의 가르침이 있으니 너는 조심하고 이것을 경솔하게 드리지 말라."라고 당부하였다.

혼인한 지 만 2년 후 장남 영榮을 낳자, 염선재는 비로소 친가의 세계世系와 절재공의 수찰手札을 드리고 울며 이 사실을 고백하였다. 이에 사계는 크게 경탄하며 의리를 바르게 펴는 일에 동조하였으나, 여건이 이루어지지 않아서 생전에 뜻을 이루지는 못하였다. 김규는 이러한 아버지 사계의 심정에 대해서 다음과 같이 부언하고 있다.

> 이에 앞서 매양 말씀하시기를 "나라 예禮 중 이제까지 못한 것에 노산군魯山君의 위호位號를 정상으로 회복케 하는 것보다 큰 일이 없다." 하시고 항상 상소를 할까 하였는데 이때에 이르러 문득 말씀하시되 "우리집 형편도 또한 같이 주청하여야겠다." 하시고 글을 지어서 앞으로 올릴까하셨다. 그러다가 얼마 후 탄식하며 말씀하시기를 "대대로 벼슬하여 온 집은 다른 집과 다른 것인데, 죄명이 아직 씻어지지도 못한 상황에서 그 전에 하는 것은 크게 외면에 어긋난다." 하시고 그만두고 숨기셨으나 자나 깨나 탄식하여 이르시기를, "이것은 반드시 귀정歸正되는 날이 있을 것이니 일단 임금이 복정復正되면 여러 신하들도 함께 신원伸冤될 터이지만 단 나는 미처 보지를 못할 것이다."라 하셨다.40)

당시로서는 단종이 아직 복위되지도 못한 상황에서 사계로서도 이 일은 섣불리 거론할 문제가 아니었다. 또한 그가 적극적으로 나설 만한 정치적 상황이 되지도 못하였다. 즉 광해군대에는 계축옥사(광해군 5년,

1613)에 서제들(경손 평손)이 연루되어 일가가 무너질 뻔하였고, 인조반정 후에는 서인당이 권력을 주도하고 그가 종주의 위상을 가지고 있었지만 원종추숭논쟁(1624~1633)으로 인조와 상당한 대립각을 형성하고 있었기 때문이다. 물론 후일에 사계의 위의 예언은 다 이루어졌다. 그러나 염선재에게 그 기간은 너무 길었고, 그로서는 묵묵히 한을 참고 일생을 살아내야 했다.

하지만 염선재의 가정생활은 매우 성실했고 모범적이었다. 아들 김규는 어머니의 이러한 삶을 다음과 같이 소개하였다.

> 평소 거처하실 때는 옷을 화려하게 입지 않았고 예절에 조심하셨으며 항상 음식을 과도하게 먹지 않았고 말씀이 과묵해서서 주위의 모든 사람들이 항상 본받고자 하였다. 성품이 고결하고 깨끗하고 지나가는 곳마다 먼지가 없을 정도며 새벽에 일어나 항상 세수를 하셨으나 노환에도 생략하지 않으셨다.41)

> 남편을 따라 외직으로 나갔을 때 세수한 듯 청렴하게 남편의 일을 돕고 봉록을 적게 받았지만 매우 아껴 부족함이 없도록 했다. 아전들이 칭송하고 탄식하기를 "관청만 청렴한 것도 어려운데 부인까지 청렴한 것은 더욱 어려운 일이다."라고 했다.42)

> 선자先子43) 모시는 것을 마치 밝은 주인과 엄한 스승과 같이 하셨고 비록 사적인 자리라도 절대 게으른 태도가 없었다. 가끔 귀하고 융성한 모임도 선자先慈44)께서 힘써 주선하셨고 비록 큰 추위와 더위가 있더라도 음식을 새롭게 한 것처럼 하거나 솥에서 다시 음식을 한 것처럼 하셨다. 집안에서는 고요하고 한가하게 지내셔서 마치 사람이 없는 듯했으니 모든 사람들이 감탄하고 여자의 모범으로 여겼다.45)

염선재의 삶은 이렇게 예의바르고 부지런하고 청렴하여 여자의 모범으로 칭송을 받았다. 그러나 김씨부인은 항상 절재 대감의 원한을 풀지 못한 것에 대한 여한으로 평생토록 이[齒]를 드러내 놓고 웃지 않았다. 그의 언행을 보고서 신독재 김집이 항상 탄식하면서 말하기를, "평생 동안 선조를 사모하는 것이 나이 50에 부모를 사모하는 것보다 더 어렵다."46)라 하였다.

(3) 혼인기(1590~1633) - 8남매의 양육

순천김씨는 사계와 43년 동안 해로하며 부군을 잘 보필했으며, 슬하에 8남매(6남 2녀)를 낳아서 모두 잘 키워냈다. 두계공은 어머니 김씨부인의 가정관리와 자식 교육의 일단을 다음과 같이 회고하였다.

> 단정하고 엄숙하며 곧고 조심했고 남편을 공경과 순리적으로 받들었고 가정을 법도로 다스렸다. 종을 부릴 때는 위엄과 은혜를 함께했고 자식에게는 반드시 옳은 방향으로 교육하셨다. 42세에 막내 동생이 태어나자 매우 사랑하며 직접 교육도 하셨다. 항상 자식들이 부지런히 공부하는지를 살피고 종아리를 치기도 하며 조금도 용서하지 않았다. …… 자손들의 옷이 화려하면 반드시 질책해서 고치도록 했다.

남편을 공경과 순리로 받들고 가정을 법도로 다스렸으며, 위엄과 은혜로 종을 부리고, 자식교육은 바르고 엄하게 하고 자손들이 사치하지 못하게 하였음을 알 수 있다. 그것은 모두가 의리에 맞는 행동이었으니 문경공文敬公 김집의 다음과 같은 찬탄이 있었다.

> 부인의 덕은 순종을 정조貞操로 삼았지만 항상 순종만 하고 의리가 없었다면 간혹 효가 예에 어긋나며 자녀 사랑도 혹 정情에 빠지게 되고

부부사이에도 혹 친압親狎47)할 수 있고 가족을 거느릴 때 혹 엄숙하지 못할 수도 있었을 것이다. 만약 이와 같다면 어찌 순종한 덕[順德]이라 할 수 있겠는가? 그러나 덕이 있지만 병폐가 없는 것은 다만 소모小母(작은 어머니)에게서 보았다.

염선재는 자녀교육을 성공적으로 잘 해냈다. 특히 장남 영榮은 생원이고, 차남 경檠은 그림을 잘 그려서 사계의 『상례비요』의 삽도를 그렸다.48) 그리고 5남 규槼(豆溪公)는 자여도 찰방을 지냈고 후에 공조참의에 증직되었으며, 6남 비棐는 글씨를 잘 써서 「양성당養性堂 제영題詠」49)을 써서 남기었는데 송시열이 그 발문을 지어주었다.50) 당시 김씨부인의 소생들이 신분적 한계를 넘어서서 나름대로 자기역할을 성공적으로 해내고 있었음을 보게 된다. 이들 김씨 소생의 아들들은 그 이름자도 첫째 부인인 조씨부인의 소생과 더불어서 한가지로 모두 '나무 목木자'가 들어간 외자라는 점에서 차등이 없었다.

    조씨부인曺氏夫人 소생所生 : 은檃 집集 반槃
    김씨부인金氏夫人 소생所生 : 영榮 경檠 고杲 구榘 규槼 비棐

사실상 이것은 사계의 형제대에서는 볼 수 없었던 이례적인 것이었다.51) 이것은 사계선생의 특별한 배려였다고 보여진다. 즉 김씨부인이 비록 당시로서는 역적의 후손이라는 누명을 쓰고 신분을 감추고 사는 신세지만 그 혈통은 어엿한 절재의 후손이라는 것을 인정하는 것이고, 또한 앞으로 언젠가는 절재의 억울함이 신원되어 그 신분을 되찾을 날이 있을 것을 예견한 배려였다고 생각된다.

(4) 절사기(1631~1633)

염선재의 절사기는 사계의 서거와 3년상, 그리고 단식절사斷食節死로 그의 절의가 선명하게 드러난 그의 생애의 마지막까지의 시기이다.

인조 9년(1631) 5월, 평소에 건강하던 사계가 갑자기 풍습風濕을 만나 병세가 점점 심해갔다. 염선재는 정성을 다해 부군夫君을 간호했고, 아이들과 젊은 사람들까지 번거롭게 하지는 않았다. 당시 염선재 또한 오랫동안 이질로 고생을 하여 미처 완쾌하지도 않았지만, 자주 노비들에게 정원 가운데로 부액하도록 하여, 자신의 몸으로 남편을 대신하도록 하늘에 기도하였다. 평소 염선재의 부군을 위하는 정성이 이와 같았다.

그러나 그해 8월 3일, 사계가 84세를 일기로 서거하였다. 염선재는 매우 슬퍼하여 거의 생명을 보전치 못할 지경에 이르렀으나 조석상식朝夕上食과 소상 대상의 제수祭需를 몸소 살피며 정성을 다하였고 3년 동안 소식素食하면서 예를 마쳤다.

인조 11년(1633) 11월 3년상의 절차를 모두 마친 후 염선재는 모든 자손들을 불러 놓고 눈물을 흘리며 결연한 의지로 자진自盡의 뜻을 밝히고 단식으로 절사를 단행하였다. 그가 마지막 가는 길에서 "올해는 마침 나의 선조가 충성을 따라 순국한 해가 된다. 내가 평소에 간직했던 원통함을 가지고 이제 지하에 돌아가 뵙는 것이 마땅하지 않겠는가?"라 한 것은 그의 자진이 어디에 연유한 것인지를 그 스스로가 밝힌 바라 하겠다.52)

이상에서 살핀 바와 같이 염선재는 출중한 효와 열이 있었지만 조선의 어려운 정치상황 때문에 선조의 원통함을 드러내지 못하였다. 뒤에서 상술하겠지만 숙종 때 단종의 왕위가 복위되었고, 영조 때 절재공의 벼슬이 회복되었고, 이어서 절재공의 아들이 충효로 표창되었다. 그러나 염선재의 절행만은 표창을 받지 못하였다. 그 후 1882년에는 계룡의 금암에 그의 재실 염선재念先齋가 건립되었고, 1906년에는 고종이 특별히 '정부인貞夫人'을 증직하였으며, 이 해에 후손들에 의하여 그의 일대기를 모은 '잠소록潛昭錄'이 간행되었다. 그리고 1976년에는 염선재의 언덕 쪽에 '순천김씨 정려'가 건립되었고, 최근에는 사당인 잠소각潛昭閣이 건립되었다. 이제 염선재는 형식적으로는 확실하게 '잠소부인潛昭夫人'이 된 것이다.

3. 염선재의 절행과 효열孝烈정신

앞에서 살펴 본 바와 같이 염선재는 타고난 아름다운 성품으로 어려서부터 출중한 효행을 보인 바 있었다. 8세의 어린 나이에 의원이 아버지의 병 치유가 어렵다고 하자, 사당에 나아가 3일간을 빌어 아버지의 병을 낫게 하였고, 또 한여름인데도 지극한 정성으로 얼음을 구하여 아버지의 병 치료에 효과를 보았다 하여 당시의 사람들이 생정려生旌閭를 세울 만하다고까지 칭찬하였다. 염선재의 이러한 효행과 그에 대한 평가는 반백 년 또는 수백 년 후에 추숭을 위하여 누군가에 의하여 만들어진 것이 아니고, 당시대를 함께 살았던 그의 아들 두계공 김규가 쓴 '순천김씨 유사遺事'에 나오는 것이라는 점에서 상당한 사실성과 신빙성을 지닌다고 할 수 있다.

염선재의 효행에서 특히 돋보이는 것은 17세 때 그의 아버지가 그에게 선조(절재 김종서)의 설원雪冤을 위하여 사계의 둘째 부인으로 혼인하도록 한 권면을 흔쾌히 수용하고, 또 그것을 평생의 지침으로 삼아 꿋꿋이 지켜나갔다는 점이다. 이러한 그의 효성은 다만 살아계신 부모의 뜻을 따르는 데 그치는 것이 아니라, 7대 조상 절재에까지 이어지는 '추원追遠의 효심孝心'이었다는 점에서 특징을 지닌다.

그러나 염선재의 효열孝烈에서 가장 주목되는 것은 그의 만년의 탁이한 절행節行이다. 그것은 부군인 사계 김장생이 마지막으로 병을 얻은 데에서 시작하여 그의 절사에 이르는 기간에 있어서의 그의 언행을 통해서 나타난다. 앞에서의 기술과 중복되는 감이 없지 않으나 순천김씨의 마지막 절행을 보이는 기사이므로 「유사遺事」의 대강을 몇 단락으로 나누어서 차례로 수록하기로 한다.

가) 부군府君(사계 선생-필자)은 원래 건강하셨지만 신미년(1631) 5월에 풍습風濕 병환으로 쾌차하시지 못하고 여름을 지나 7월부터 점점 위독하시자 어머님은 모든 정성으로 간호했고 아들들이 대신 간호하고자 한다면 허락하지 않으셨다. 당시 어머님께서도 이질을 오랫동안 앓아 회복치 못해 여종에게 자신을 부축하도록 하고 뜰 가운데 나가 울며 하늘에 대신 죽게 해 달라며 기도했지만 마침내 8월 3일 별세하셨다. 어머님은 너무 슬퍼하여 몸이 쇠약했지만 아침저녁으로 상식上食을 반드시 몸소 하시며 정성을 다하여 남편이 살아 있을 때처럼 하는 예의를 하셨고 고기도 먹지 않고 3년 상을 끝냈다.

나) 계유년(1633) 11월 상정上丁에 길제吉祭와 협제祫祭를 지내고 불초들을 불러 눈물을 흘리면서 말씀하시기를, "내가 여자의 몸으로 쫓겨 다니는 처지에 망령되게 조상의 원한을 풀기 위해 너의 집안에 시집온 지 46년이나 되었다. 그러나 하늘의 뜻이 돌아오지를 않아 신원하기를 바라다가 마침내 이루지 못했고, 군자君子를 모시고 제사祭祀를 받들면서 큰 잘못이 없었고, 여자의 몸으로 60세가 지나도록 살았으니 많이 산 것이다. 여덟 자녀가 다행히 모두 결혼을 했고

27개월의 제도가 어느덧 거의 끝났다. 내가 너의 아버지가 돌아가셨을 때 같이 따라 죽을 생각이 없었겠느냐마는 가만히 생각하니 살아 있을 때처럼 섬기는 예의로 아침과 저녁으로 제사를 올리는 일이 아직 남아 있어 보통사람의 열행烈行을 따를 필요가 없어 구차하게 지금까지 연명하여 왔다. 그러나 이제는 담제와 길제도 이미 지나 더 이상 살 이유가 뭐가 있겠느냐? 또 올해는 마침 나의 선조先祖가 나라에 충성하다가 돌아가신 해이고 내가 본래부터 품은 원한이 이것뿐이니 죽어서 저승에 가서 절하고 뵙는 것도 옳지 않겠느냐?"라 하시고, 일어나 목욕하고 말하기를, "몸에 때가 있으면 씻고 싶은 마음은 모든 사람의 마음이다. 내가 죽으나 사나 그대로 둘 수 없기 때문이다."라 하시며 곧 이불을 펴고 옷을 갈아입고 누워, 음식을 끊으니, 한 번 결정한 늠름한 마음은 가을 서리와 뜨거운 태양 같아 범할 수가 없어 말로 마음을 돌릴 수가 없었다.

가)는 염선재가 사계의 병환이 심해지자 아픈 몸을 이끌고 정원에 나가 대신 죽기를 기원했고, 사계가 서거하자 조석상식을 직접 준비하고 소식하며 3년상을 마쳤다는 것이다. 그가 마지막까지 남편을 위하여 애쓰고, 또 자신의 소임을 다하고자 했음을 알게 한다.

나)는 그가 남편을 내조하고, 조상의 제사를 모시는 일에 큰 하자가 없었고, 60평생을 살면서 8남매를 잘 육성하였다고 회고하고, 이제 남편을 위한 삼년상의 모든 절차도 무사히 마쳐서 이제는 세상에 더 살 의미가 없어졌다는 것이다. 그런데 그것은 그가 선조의 설원을 위하여 혼인한 원래의 뜻을 이루지 못했고, 마침 그 해가 자신의 선조가 충성을 따라 순국한 해가 되니, 이제 그가 평소에 간직했던 원통함을 가지고 지하에 돌아가 뵙는 것이 마땅하다는 의지의 다른 표현이었다. 그리하여 그는 마지막으로 목욕하여 깨끗한 몸으로 담담하게 죽음에 임하였다. 그가 죽고 사는 데 얽매이지 않고 항상 사람의 도리를 다하려는 의지를 지닌 인물이었음을 알게 한다.

다) 온 집안이 당황하여 어찌할 바를 모르고 모두 울며 간청했지만 그 마음을 돌이키지 못하였다. 불초들이 울며 말하기를, "여자의 삼종 三從의 의미53) 중에 남편이 죽으면 자식을 좇으라는 말이 있는데, 어머니께서 이와 같이 하시는 것이 무슨 뜻입니까? 어머니는 곧 하늘과 같은데 어찌 깊이 생각하지 않으십니까?"라 하니, 드디어 잠시 음식을 드시고 말씀하시기를, "자식을 따르라는 의리는 남편이 죽은 후 평생 동안 개가改嫁하지 않는다는 말이지 늙어서 죽으려는 사람에 대한 말은 아니다."라 하시고 다시 먹지 않으셨다.

라) 다시 어린아이가 배가 고프다며 일제히 울며 '할머니는 우리들을 살려 달라.'고 소리치자, 억지로 잠시 허락하셨지만 바로 이전 같이 하여 갑자기 혼절하시었다. …… 곧 겨우 실낱같은 정신을 가다듬어 불초 등에게 경계하며 말씀하시기를, "사람이 죽고 사는 것은 모두 때가 있다. 이제 내가 죽는 것은 이미 조상의 원한을 풀어드리지 못한 죄인이기 때문이다. 어찌 감히 내 몸에 훌륭하다는 칭호를 잘못 더할 수 있겠느냐? 만약 그렇게 한다면 임금을 속이고 조상을 배반하는 것이 아니고 무엇이냐? 내가 죽은 후에 너희들이 만약 이 일로 거론한다면 마땅히 내가 눈을 감지 못할 것이고 영혼도 음식을 흠향하지 않을 것이니 반드시 뼈에 새겨 잊지 말라."고 하시고 다시는 말씀과 눈을 뜨지 않고 조용히 의리를 지켜 돌아가시니 바로 12월 9일이었다.

다)는 삼종지도三從之道로 절사를 만류하는 후손들에게, 그것은 '남편이 죽은 후 평생 동안 개가改嫁하지 않는다는 말이지 늙어서 죽으려는 사람에 대한 말은 아님'을 천명한 것이며, 또 그가 중간에 자손들의 청을 들어 잠시 음식을 들었던 것은 후손들에 대한 그의 배려를 알게 하는 대목이다. 그러나 종국적으로 그는 죽음을 택할 수밖에 없었다.

라)는 자신의 죽음이 필부의 일반적인 종부절사가 아니며, 따라서 후손들이 혹시라도 자신의 죽음을 가지고 국가의 표창을 바래서도 안 될 것임을 신신당부한 것이다. 그가 '사람이 죽고 사는 것은 모두 때가 있다. 지금이 내가 죽을 시기이다.'라고 말한 것은 그가 누구의 강요도 아닌 자신의 의지적 판단에 따라서 단식절사를 택한 것임을 분명히 한 것이고 사람은 누구나 죽을 때 죽을 줄 알아야 한다는 결연한 선비적 의리를 보이는 바라 하겠다.

『오륜행실도五倫行實圖』는 오륜의 실천이 출중한 역대 인물들의 절행을 그림으로 그리고 설명한 책자로서, 정조 21년(1797) 이병모 등이 왕명에 의하여 세종대의 『삼강행실도三綱行實圖』와 중종대의 『이륜행실도二倫行實圖』를 합하여 수정, 편찬한 윤리서이다.

이 책에서 열행을 모은 열녀도를 보면 모두 35건이 수록되어져 있는데 중국의 사례가 29건이고 우리나라의 사례는 모두 6건(백제 1, 고려 2, 조선 3)에 불과하다. 중국은 역사가 유구하고 인구가 많은 탓도 있겠으나 상대적으로 우리나라의 두드러진 열행이 그리 많지 않았음을 시사하는 수치(17%)이다. 이 중에서 종부순사從夫殉死 또는 절사節死로 보이는 사례는 중국 3건, 우리나라 1건 등 모두 4건인 바 이를 도표화해 보면 대개 다음과 같다.

〈표2〉『오륜행실도』의 종부순사從夫殉死 및 절사節死의 사례

	나라	주제	주인공	내용	비고
①	齊	殖妻哭夫	杞梁殖의 처	여자는 반드시 의지하는 곳(부모, 남편,	淄水에 빠져죽다. (從夫殉死)

	나라	주제	주인공	내용	비고
				자식)이 있어야 하나, 이제 아무도 없다. 이제 내가 精誠과 絶義를 보일 곳이 없으니 또한 죽을 따름이다.	
②	宋	雍氏同死	池州通判 趙卯發의 妻	(죽음으로써 자신의 城을 지키려는 남편에게) "그대가 忠臣이니 내 어찌 忠臣之妻가 되지 못하리오. 함께 죽어서 그대를 좇고자 한다."	도적(적군)이 들어오자 목매 죽어 절의쌍절이라 했다. (同伴節死)
③	元	王氏經死	惠士玄의 妻	남편이 죽은 후 부탁받은 妾子를 정성으로 양육하다가 얼마 후 그가 죽자 목매 죽었다.	經死 (목매 죽음)
④	朝鮮	金氏同窆	金氏 (豊山人)	夫君 이강이 말에서 떨어져 죽은 후, 김씨가 53일간을 斷食하다가 죽었다.	斷食殉死 (20세)

위의 표에서 ①의 경우는 이른바 삼종지도三從之道의 이치에 따른 종부순사從夫殉死이고, ②는 충절을 보인 부군을 따라 충신지처忠臣之妻로 함께 죽겠다는 의리가 담긴 절의쌍절節義雙節의 동반절사이며, ③은 부군의 뜻을 따라 첩자妾子를 맡아 기르다가 결국은 부군을 따라 죽은 종부경사從夫經死이고, ④는 단순한 종부순사從夫殉死이다. 염선재 순천김씨의 절사는 의리상으로 보면 ②와 닮은 데가 있으나, 선조의 억울한 누명을 설원雪冤하지 못한 한恨과 자책自責으로 절사한 경우이

니 사실상 위의 어느 경우와도 같다고 할 수는 없다.

　조선시대의 역사에서 염선재의 단식 절사와 유사한 사례를 하나 고른다면 그것은 사화기에 있어서 절사한 충암 김정(1486~1520)의 부인 송씨부인의 사례를 들 수가 있다. 송씨부인은 기묘사화(1519)로 부군 김정이 사약을 받게 되자 삼년상을 마친 후 그 자신도 또한 부군을 따라 죽고자 하였다. 그러나 마침 김정의 노모가 병든 몸으로 아직 생존해 있었으므로 노모를 끝까지 보살피다가 노모가 돌아가신 후에 결국 스스로 식음을 전폐하여 절사하였다.

　그런데 송씨부인은 그 임종하는 자리에서 후손들에게 유언하기를, "부군이 '신씨愼氏 복위復位'54)의 정당한 뜻을 이루지 못하고 죽었으니 이 문제가 해결되기 전에는 부군의 신주를 땅에 묻지 말라."고 당부하였다. 그의 죽음은 기묘사화로 억울하게 죽은 부군 김정의 죽음에 대한 항변이고 고발이었을 것이다. 그러나 이 문제는 그때 그가 세상을 향하여 당장 내놓고 항변할 처지가 못 되었다. 그리하여 송씨부인은 이전에 김정이 상소하였지만 뜻을 펴지 못했던 신씨 복위의 문제를 거론하여 김정의 못다 편 의리를 밝힐 것을 말하고자 했을 것이다. 염선재 순천김씨와 여기의 송씨부인의 절사는 자진을 통한 선조나 부군의 의리의 추구라는 점에서 서로 닮아 있다. 이 점에서 이들의 자진은 단순한 종부절사가 아니었다. '의리義理'를 밝혀야 한다는 깊은 뜻이 담긴 선비적 절사였던 것이다. 한국정신사를 보다 종합적이고 복합적인 새로운 시각으로 쓰려고 할 때 이들 두 여성의 절사節死는 분명히 주목할 만한 사료史料가 될 수 있을 것이다.

　이러한 염선재 순천김씨의 절행은 확실히 일반적인 종부절사와는 다른 데가 있었다. 역사를 보면 극단의 상황에서 또는 남편의 죽음을 뒤따라서 여성이 스스로 목숨을 끊는 자진은 중국에도 있었고 고려시대에도 있었다. 그러나 남편의 죽음을 따라 단식斷食으로 죽은 사례는 조선시대에도 매우 드물었다. 다만 19세기에는 '종부절사從夫節死'가 상당히 나타나지만 이 역시 조상의 원한을 신원하기 위해서라는 의미를 덧붙인 경우는 잘 찾아지지 않는다. 후일 고종이 순천김씨에게 정부인貞夫人을 증직할 때 '효열이 높고 특이하다.'라 한 것도 바로 이 점을 이른 것으로 보인다. 이 점이 바로 염선재 순천김씨의 절사의 특징인 것이다.

4. 염선재의 효열에 대한 후대인의 현창

1) 증정부인贈貞夫人 칙명 교지

(1) 배경 : 절재 김종서의 신원

염선재 순천김씨의 절행節行에 대한 후대인의 평가評價나 추숭追崇은 자유롭지 못했다. 그것은 염선재 자신이 그의 죽음을 단순히 부군夫君을 따라 죽은 것이 아니라 하고, 또 그가 죽은 후 자신의 일을 국가에 알려서 표창하는 일 따위를 한다면 그것은 임금을 속이고 어미를 속이는 일이 될 터이니 결코 삼가라고 신신당부한 때문이기도 하지만, 실제로 당시로서는 이러한 그의 절행節行을 있는 그대로 세상에 드러낼 수도 없는 상황이었다. 이때는 아직 그의 조상인 절재 김종서가 신원되지 못한 상황이었고, 더구나 절재 당시의 군주였던 단종이 노산군魯山君으로 강등되어 아직 복위되지 못하고 있던 때였기 때문이다. 따라서 이 문제는 노산군의 복위가 무엇보다도 선결되어야 할 과제였던 것이다.

1455년 세조의 등극과 함께 억지로 상왕에 봉해져 있었던 단종은,

사육신의거로 인하여 다시 노산군으로 강등되었는데 염선재가 절사할 때(1633)까지도 여전히 복위되지 못하고 있었다. 그러나 이 문제에 대한 논의는 항상 사육신이나 김종서 등의 절행에 대한 평가로부터 시작되었다. 사육신 등에 의한 단종 복위운동(1456)이 실패한 후 노산군으로 강등된 단종의 복위가 적극적으로 논의되기 시작한 것은 중종대의 사림들에 의해서였다. 중종 12년(1517) 8월 5일 경연의 조강에서 장령 정순붕은

> 근래 성삼문成三問·박팽년朴彭年이 노산군魯山君을 복위시키려 꾀하였으니 그 죄는 주벌誅罰해야 하나 그 절의節義는 주벌할 수 없는데, 이제까지 난신亂臣으로 기록되어 있으니 임금으로서 정대하고 공평한 마음에 어그러집니다. 중흥中興하여 창업創業한 임금은 인심과 천명이 돌아감에 따라 난폭한 자를 제거하는 것이지만, 또한 으레 그 절의를 숭장崇奬하여 후세에 권할 일로 삼는 것은 뒤를 이은 임금으로서 도타이 장려할 일입니다.55)

하였고, 검토관檢討官 기준奇遵은

> 성삼문·박팽년 등이 세조에게는 역적이 되고 노산에게는 충신이 되는데, 그때에는 부득이 죄를 가하였으나 이제는 무슨 혐의가 있겠습니까? …… 성삼문·박팽년을 이제껏 난신으로 지목하니 어찌 이처럼 답답한 일이 있겠습니까? 그 사람의 자손은 이제 없거니와, 그 외자손外子孫이 혹 있더라도 저애阻礙됨이 없지 않을 터이니 이것이 어찌 옳겠습니까! 다 허통許通해야 합니다. 신이 매양 아뢰고자 하였으나 못한 것이거니와, 만약에 아뢴 대로 도타이 숭장하면 곧 국맥國脈을 연장하는 방도가 될 것입니다.56)

라 하였다. 이제는 시독관侍讀官 이청李淸이 아뢴 바와 같이 '그때에는 불의不義인 듯하였으나, 대의大義가 정해진 뒤에는 사람들이 도리어 의義로 여기니 이제 난신亂臣이라는 이름을 가할 수 없다.'는 것이 정론화되어 가고 있었다. 그러나 2년 후에 기묘사화로 사림이 일망타진된 후에는 다시 이 문제는 원점으로 돌아갔고, 본격적인 논의는 효종대에 이르러서야 재현되었으나 쉽게 귀결되지 못하였다. 사실상 이 문제는 세조 이후의 역대 왕들이 모두 세조의 자손들이었으므로 노산군을 조종祖宗으로 복위하는 것은 스스로 왕통의 정통성을 부정하는 것이 되었으므로 결코 쉽게 경신될 문제가 아니었다. 따라서 단종의 위호가 복원되는 데는 무려 240여 년이 소요되어 숙종 24년(1698)에 이르러서야 가능케 되었다.57) 이때 숙종은 노산군의 묘를 능陵으로 승격하고 능호를 장릉莊陵으로 명명하였다. 이로써 단종은 명예를 회복하고 권위를 다시 되찾게 되었다.

단종의 위호 복위로 이제 김종서 등에 대한 신원伸寃의 빌미가 확실하게 만들어진 것이었다. 그러나 그것이 실현되기까지는 다시 또 약 50년(1698~1746)의 시간이 더 걸려야 했다. 아직은 그 가능성의 문만 열린 셈이었고, 여전히 또 다른 단계적 변화나 상황적 반전이 필요했던 것이다.

그 사이 김종서 등의 후손에 대한 녹용이나 신원운동에 적극적으로 나선 것은 대개 서인 노론계 인사들이었다. 그것은 사육신의 신원운동과 궤를 같이하면서 추진되는 경향이 있었다. 이에 대해서는 강화유수江華留守 이선李選의 다음 상소문이 주목된다.

> 강화 유수 이선이 상소하여, …… 또 노산군의 육신六臣과 황보인·김종서의 억울함을 논하며 말하기를, "우리 세조대왕께서 천명天命을

받을 당시, 황보인·김종서 같은 신하는 일찍 스스로 귀부할 수가 없었고, 성삼문·박팽년 같은 신하는 망령되게 옛날 국사國士를 본받으려고 하다가 그 자신들이 극형을 면하지 못하고 아직까지 죄인의 명단에 실려 있습니다. 저 신하들이 어찌 옛 임금에게 천명이 이미 끊어졌고, 참다운 분에게 역수曆數가 이미 돌아간 것을 몰랐겠습니까마는 끝내 본래의 뜻을 지키다가 죽으면서도 후회하지 않았던 것은, 신하는 각각 그 임금을 위해야 하는 것으로서 군신의 대의大義는 스스로 허물어버릴 수 없다고 여긴 데에 지나지 않습니다.

세조께서 비록 위태롭고 의심스러운 때를 당하였으므로 이들을 제거하지 않을 수 없었으나, 사실은 그들의 지조를 아름답게 여겼습니다. 그래서 상시에 여러 신하에게 하교하시기를, '성삼문 등은 금세의 난신亂臣이나 후세의 충신이다.' 하였고, 또 훈사訓辭를 지어 예종대왕에게 보여주시며 말씀하시기를, '나는 어려운 시대를 만났으나 너는 태평한 시대를 만났다. 일은 세대에 따라 변하는 것이다. 만약 나의 행적에 구애되어 변통할 줄을 모른다면 이는 이른바 둥근 구멍에 모난 자루를 끼우려는 것과 같다.'고 하셨습니다. 그래서 세조께서 병환으로 계실 적에 예종대왕이 동궁東宮으로 있으며 모든 사무를 결정하면서 맨 먼저 계유년(1453)과 병자년(1456)에 죄를 입었던 여러 신하를 모두 석방하라고 명하였는데 연좌된 사람이 무릇 2백여 명이었습니다. 그러니 용서해주는 은전恩典이 이미 세조가 계실 때에 시행되었던 것입니다.

생각해보면 선왕조 때의 유신儒臣 송준길宋浚吉이 성삼문 등의 일을 말씀드리니, 선왕께서 극히 감탄하시며 말씀하시기를, '성삼문은 곧 방효유方孝孺와 같은 류類이다.' 하였으니, 거기에서도 더욱 열성列聖께서 김종서 등을 죄인으로 대하지 아니하였음을 알 수 있습니다. 삼가 열성의 남기신 뜻을 받들어 여러 신하의 죄명을 씻어주는 것은 성상께서 그 뜻을 계승하는 데에 있지 않겠습니까?"58)

요컨대 김종서·박팽년 등의 절사는 권력의 추세에 따라 향배를 정하지 않고 오로지 임금을 충성으로 섬기려는 군신대의君臣大義에서 온 것이고, 세조가 이들을 제거한 것은 위기상황이라고 인식하여 부득이 조처한 것이었지만 또한 그들의 지조를 아름답게 인정하였으니, 이는 세조가 '성삼문 등은 금세의 난신이나 후세의 충신이다.'라 하고 예종에게 '나는 어려운 시대를 만났으나 너는 태평한 시대를 만났다. 만약 나의 행적에 구애되어 변통할 줄을 모른다면 이는 둥근 구멍에 모난 자루를 끼우려는 것과 같다.'고 한 데서 입증된다는 것이다. 또 그리하여 예종이 계유정란과 사육신의거에 관계된 자들을 다 석방할 수 있었고, 후일 효종대에 송준길이 사육신을 원사院祠에 배향할 수 있게 요청하였을 때 이들을 방효유와 같다고 평하였다는 것이다.59) 결국은 이러한 사적을 통해서 볼 때 김종서 등의 죄명을 씻어 주는 것이 숙종이 세조와 효종의 뜻을 계승하는 길이라는 진언이었다. 이선의 이러한 입론은 매우 합리적이고 또 사실에 바탕한 것으로서 훌륭한 설득력을 지니는 것이었고, 이후 모든 김종서 등과 사육신의 신원운동에서의 입론의 대강을 이룰 만한 것이었다.60)

이러한 이선의 진언에 대해서 숙종은 "육신六臣에 대한 일은 열성조列聖朝에서도 죄를 용서한 적이 없다. 그 분묘를 봉해 준다든가 사림에서 존모하는 등의 일에 있어서는 굳이 금지할 필요가 없겠다. 그 밖에 별도로 은전을 베풀기는 어렵다."라 하여 김종서 등에 대해서는 여전히 냉담하였다. 아직은 때가 이르지 않았던 것이다. 그리하여 이러한 진언은 노론계 진영에서 계속 이어졌는데 다음의 진언들이 주목된다.

가) 민진후가 또 황보인皇甫仁·김종서金宗瑞의 억울함을 추신追伸하여 그 관작官爵을 회복시키기를 청하니, 임금이 어렵게 여기고 대신에게 물으라고 명하였다.61)

나) 검토관 임상덕이 아뢰기를, "단종대왕을 복위한 뒤에 죽임을 당한 제신들을 더러는 사당을 세우도록 명하시고 더러는 포장褒獎하고 증직하도록 명하셨지만, 유독 김종서金宗瑞와 황보인은 신원설치伸冤雪恥를 받지 못했으므로, 의논하는 사람들이 궐전闕典으로 여기고 있습니다. 신원과 복관復官하는 일을 비록 경솔하게 의논할 수 없기는 하지만, 지난날 육신六臣의 죄명이 면제되지 않았을 적이라도 선조宣祖께서는 박팽년朴彭年의 자손이 천례賤隷가 되어 있음을 듣고서 특별히 그 천적賤籍을 없애고 직을 제수하도록 명하시어 드디어 사족士族이 되었습니다. 지금 황보인에게 그 자손이 있다는 것을 듣지 못했습니다마는, 듣건대 김종서의 후손이 호서湖西의 천품賤品에 들어있다고 합니다. 하물며 김종서는 국가의 주석柱石인 대신으로서 또한 육진六鎭을 개척한 공이 있었으니, 비록 죄가 있다 하더라도 진실로 10대가 되면 용서하는 의리가 있으므로 그의 후손 중에 임용任用할 만한 사람을 가리어 녹용錄用한다면 성상의 덕에 광채가 나게 될 듯합니다." 하니, 임금이 양전兩銓에 분부하도록 명하였다.62)

다) 부교리副校理 김운택金雲澤은 말하기를, "이 일은 모두 상량商量해야 할 것이 있습니다. 김종서金宗瑞 등은 당초의 죄안罪案에 이미 이용李瑢을 추대推戴하여 불궤不軌를 모의謀議한 것으로 연좌되었고, 우리 세조世祖께서는 실제로 그 훈명勳名이 책록策錄되었는데, 지금 만약 김종서 등의 죽음을 억울하다고 일컬어 복관復官하기에 이른다면 그것이 성조의 훈명에 어찌 크게 방애妨碍되는 바가 있지 않겠습니까? 비록 장릉莊陵을 추복追復한 후라고 말하더라도 육신六臣과 의리義理를 지킨 여러 신하들에게 견주어 본다면 그 체단體段이 자연히 같지 않으므로, 신의 중부仲父인 고故 판서判書 김진규金鎭圭는 일찍이 중신重臣이 이 일을 건백健白한 데 대해 그 불편不便함을 상소上疏하여 논박論駁하고, 인하여 관청에서 유사遺祀를 짓는 데 도와주고 후손後孫을 견발甄拔하라는 청에 미치었으니, 대개 복

조상 김종서의 신원을 위해 절사한 순천김씨 93

관복官은 경솔히 의논할 수 없는 바가 있다고 생각한 것입니다. 만약 두 신하가 수립樹立한 공적功績을 모두 마땅히 민몰泯沒시킬 수는 없으니, 특별히 불쌍히 여기는 은전恩典을 베풀어야 하고, 또 남아 있는 자손들을 채용採用하여 사족士族에 낄 수 있게 한다면 가엾게 여겨 용서하는 뜻이 저절로 그 사이에 나타나게 될 것입니다."63)

이상에서 민진후와 임상덕, 그리고 김운택의 김종서에 대한 신원운동의 일단을 보게 된다. 민진후는 신원운동에 가장 적극적이었고, 김운택은 아버지 김진규가 신중론을 편 것을 이어서 그 후손들에 대한 녹용을 먼저 할 것을 개진하고 있음을 알게 된다. 임상덕은 '김종서의 후손이 호서湖西의 천품賤品에 들어있다.'는 실상을 전해주고 '그의 후손 중에 임용任用할 만한 사람을 가리어 녹용錄用하자.'는 건의를 함께 하고 있음을 알게 한다. 민진후의 건의가 더 적극적이지만 현실적으로는 아직 이루기 어려웠고, 임상덕과 김운택의 '후손 녹용'으로 낙착을 보게 된 것으로 보인다. 그나마 김종서 후손의 녹용은 1719년에야 실현된다.

도목정都目政을 거행하여 …… 단종조端宗朝의 구신舊臣 김종서金宗瑞의 후예後裔인 김익량金翼亮을 서록敍錄하여 장녕전長寧殿 참봉參奉으로 삼았다.64)

여기의 김익량의 계보를 보면 '김수언金秀彦(염선재의 아버지) – 치림致霖 – 기機 – 익량翼亮'이니 김수언의 증손이고, 염선재 순천김씨의 손자 항렬이 된다. 이후 김익량은 봉사(종8품)에 진급하였으나 임인년에는 정권 변동으로 그가 '김종서의 후손을 가탁하였다.'는 무고가 있어서 관직을 뺏기기도 했고,65) 다시 영조대에 좌의정 민진원의 진언에 의하여 관작이 회복66)되기도 하였다. 김종서 후손들의 고난의 역사를 보이는 일단면인 것이다.

이후 김종서는 영조 22년(1746)에 이르러 드디어 관작을 회복하게 된다.67) 그해 12월 27일, 영조는 유신을 불러들여 『제범帝範』을 강하고 나서 단묘조端廟朝의 상신 김종서金宗瑞・황보인黃甫仁・정분鄭苯의 관작을 추복하라고 명하였다. 이보다 앞서 황보씨와 김씨의 후손이 상언上言하여 신원을 청구하니 사안을 대신들에게 내려 보내어 의논케 하였는데, 대신들이 윤허하는 것이 좋다고 헌의하였으나, 임금이 정난靖難의 공훈에 광묘[光祖]가 간여되었다는 이유로 난처해하였다.68)

이때 경연에 참여하였던 영의정 김재로는 옛날 태종이 정몽주를 죽이고 나서 곧바로 시호를 내려 포장하는 은전을 베푸셨는데, 두 상신의 일은 정몽주의 경우와 똑같다고 전제하고, 앞서 이선이 제시한 바, 세조가 예종에게 내린 훈사, 즉 '나는 고난을 주었지만, 너는 태평을 주라.'는 것을 상기시키고, 예종이 당시의 죄수들을 석방하였으며, 이미 조종이 후손을 녹용하고 있고, 또 사육신은 추복하고 있음을 들어서 김종서의 신원이 정당하다고 지지하였다. 또한 영돈녕 조현명 또한 "당시에 주살한 것은 종사를 위한 큰 계책에서 나온 것이고, 후세의 포장은 백세의 공론으로 말미암은 것이니, 두 가지가 병행하여 서로 어긋남이 없다."고 거들었다. 이날 밤 영조는 경연에서 『제범帝範』을 강하였는데, 교리 한광회韓光會가 "옥당에 『제범』이 있는데, 광묘의 훈사訓辭가 뒷부분에 붙어 있습니다." 하니, 즉시 들여오라고 명하여 계속해서 읽도록 하고, '나는 마땅히 고난을 주었지만, 너는 마땅히 태평을 주라.'는 구절에 이르러서 임금이 세 번이나 감탄을 하면서 말하기를, "아! 황보인・김종서 등의 일을 가리키는 것인가? 마치 귀를 잡고 직접 명령하시는 것 같다." 하고, 이에 당장 전교를 써서 황보인・김종서・정분 등의 관작을 추복시켰다.69) 영조는 이미 앞에서 이선의 진언에서 본 바 세조가 예종에게 남긴 '훈사訓辭'를 근거로 하여 김종서 등의 신원에 동의한 것이었다.

이후 영조 23년(1747) 1월에는 김종서의 아들 김승규 김승벽의 복관이 이루어졌고, 동년 11월에는 김승규에게 효자정려孝子旌閭가 내려졌다.70) 그리고 영조 34년(1758)에는 김종서에게 충익공忠翼公이라는 시호가 내려졌고, 영조 41년(1765)에는 김종서의 옛 집이 후손에게 환수되었다.71) 또한 정조 10년(1786)에는 백악산에서 김종서의 위패가 발견되어 김종서의 부조묘가 세워졌고, 정조 15년(1791)에는 장릉에 배식단을 세우고 어정배식록을 편찬하였는데 김종서는 정단에 배식한 32인에 포함되어졌고, 아들 김승규와 김승벽은 별단에 배향되었다. 이러한 일련의 김종서-김승규의 순절 기사는 그 과정 및 추숭에 대한 제 기사와 함께 「절재선생실기節齋先生實記」72)에 상세하게 기록되어 있다.

(2) 증정부인贈貞夫人 칙명 교지

그러나 이러한 상황변화에도 불구하고 염선재의 절행과 절사에 대해서는 공적으로나 사적으로 거의 배려가 없었다. 「절재선생실기節齋先生實記」에서도 절재에게 정려가 내려지는 과정이 상세하게 수록되어져 있으나 정작 김씨부인에 대해서는 단 한 줄도 언급된 바가 없다. 염선재의 절사에 대해서는 이미 1671년에 그 아들 김규에 의하여 씌어진 '순천김씨 묘지문'과 유사에 매우 상세하게 나와 있으나 그것은 땅 속에 자취를 감추고 있었고, 가승에 기록하였다는 집안의 기록은 찬자인 김규(김씨부인의 제5자)의 당부에 의해 세상에 알려지지 못하고 있었다. 따라서 김씨부인의 절사는 점차 세상의 관심에서 사라지게 되었던 것이다. 그 직계 후손되는 사람들로서는 실로 통탄할 일이 아닐 수 없었다.

　이렇게 아픔의 세월이 다시 160여 년이 지났다. 이때 마침 1905년의 을사조약으로 사실상 외교권을 박탈당한 즈음에 국가는 이를 만회할 적극적인 대응책이 요청되었다. 따라서 국가는 민의 한을 풀어주는 은전을 베푸는 일에 적극적으로 나서게 되었다. 그것은 대개 고종 만년에 정려 등 국가 은전 사업이 매우 극성하였던 배경이 된다.

　먼저 순천김씨 소생들은 스스로 연대하여 조상인 순천김씨를 신원하고 그의 탁이한 절행을 널리 알려 국가로부터 마땅한 표창을 받게 하고자 했다. 그리하여 1906년 3월 21일 광산김문 중 김씨부인 소생의 후손 김기연 등 123인이 순천김씨의 효열을 기리는 정려를 청하는 연명상소를 올렸고, 이것이 받아들여지지 않자, 이번에는 연고지인 연산의 유생들이 동년 4월 역시 같은 상소를 올렸다.73)

　그런데 이러한 일단의 위선사업爲先事業을 앞장서서 적극적으로 추진한 문중 인물은 순천김씨의 9세손이 되는 김래현과 김철현이었다. 김래현은 염선재 순천김씨의 가장家狀을 짓고 이것을 가지고 가서 이용원(의정부 우찬성)에게 부탁하여 염선재의 묘갈명을 짓는 등 순천김씨에 대한 위선사업을 선도하였다. 그는 동종 형 김철현을 통해 중앙정부에 들어가 있던 내각대신 민영규에게 선을 댈 수 있었고, 민영규는 경연에서 고종에게 이것을 진언하여 마침내 고종의 허락을 얻어내는 데 성공하게 되었다.

　경연에서 유생의 상소와 함께 이 사실을 접한 고종은 "충신忠臣의 가문에 이와 같이 효열孝烈이 있으니 대대로 아름다움을 이었다고 말할 수 있어 매우 가상한 일이다. 정부인貞夫人의 포증襃贈이 조금도 잘못됨이 없으니 무엇 때문에 정부인의 포양襃揚을 아끼겠는가? 후손들이 미약했다지만, 수백 년 동안 가만히 있다가 어찌 지금에야 알리는

가?" 하고, 순천김씨에게 탁이한 효열로 포장하고 그에게 정부인貞夫人의 직을 내릴 것을 명하였다. 당시에 김씨부인에게 내려진 칙명 교지敎旨는 다음과 같다.

<표3> 고종이 내린 증정부인贈貞夫人 교지

```
勅命
孺人順天金氏 贈貞夫人者
光武十年 四月 日
孝烈卓異 褒獎贈職事 奉勅
```

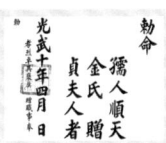

칙명(조서로 내리는 글)
유인 순천김씨에게 정부인을 증직할 것
광무10년 4월 일
효열이 높고 특별하니 기리고 권면하여 증직하라는 칙명을 받듦

이때는 이미 황국(대한제국)이었으므로 교지를 칙명이라 했다. 여기서 '유인孺人 순천김씨'라 한 것을 보면 당시까지 김씨부인의 신분적 위상이 어떠했는지를 바로 알 수가 있다. 절재 김종서의 7대손녀로서 어엿한 양반가의 후손이었지만, 특히 이미 1746년 이후로는 절재가 복권이 된 상황이었는데도 김씨부인은 여전히 평민에 준하는 지위에 머물고 있었음을 알 수 있겠다. 그리고 정부인貞夫人으로 증직한다고 한 것에서는 이제 그가 형조참판(종2품)을 지낸 부군(사계 김장생)의 지위를 따라 정부인으로 봉해지고 있었음을 확인케 한다. 그리고 그 아래에 '효열탁이孝烈卓異 포장증직사褒獎贈職事'라 한 데에서 순천김씨의 효열이 탁이(높고도 특이함)한 것으로 인정받았음을 확인케 된다.

그러나 사실상 후대인의 적극적인 관심과 노력이 없었다면 이러한 사건은 그냥 흔적 없이 역사의 뒷전으로 숨어버릴 수밖에 없는 노릇이었다.74) 우리가 문중사업에 헌신적으로 앞장 선 이들을 기리고 귀하게 여기는 것은 그들의 이런 위선 사업이 후일 선조의 훌륭한 정신과 업적을 선양하고 그것이 길이 문중정신의 원천이 되는 때문이며, 나아가서 그것이 널리 민심을 후덕하게 함으로써 사회의 윤리기강과 질서를 돈독히 하는 데 기여하는 자원이 되는 때문이다.

2) 『잠소록潛昭錄』의 간행과 정려

(1) 잠소록의 간행

『잠소록』은 염선재 순천김씨에 대한 신후문자身後文字와 그를 정부인貞夫人으로 증직한다는 고종의 칙명 교지, 그리고 그의 효열에 대한 후대인의 현창顯彰 관련 자료들을 한데 모은 책이다. 이 책의 이름을 '잠소록潛昭錄'이라고 한 것은 순천김씨가 한恨을 참고 기다려 마침내 정부인에 봉해진 것이 마치 용이 백년을 기다렸다가 나와서 밝음을 보게 된 것과 같다 하여 붙여진 이름이라 한다.75)

이 책명에서 우리는 염선재가 그 선조 김종서의 한을 풀고, 그 자신의 신분이 회복되기까지 한 서린 장구한 기간이 걸렸음을 알게 된다. 그리고 이러한 결과를 얻어 내기까지 염선재의 헌신적인 절사를 비롯하여 수십 수백 년 동안 이어온 가문 사람들의 꿋꿋한 설원雪冤의 염원과 노력이 한편의 드라마 같은 역정이었을 것임을 짐작케 된다. 그리고 그것은 조선시대의 신분제적 차등사회에서 역적가문의 누명을 쓰고 힘겹게 살다 간 한 서린 사람들의 생활사의 단면을 웅변해 보이는 이름일 수도 있다고 생각된다.

『잠소록』은 한적판 101쪽(옛 책 51쪽) 분량의 2권 1책 필사본이다. 『잠소록』의 구성은 상하 양권으로 되어 있는데, 상권에는 서문, 유사,

조상 김종서의 신원을 위해 절사한 순천김씨

묘지, 묘지문, 가장, 묘지문(2), 묘갈명, 상언, 품의(大臣 閔泳奎 筵稟), 분황고유문焚黃告由文(30-), 묘제문(30 후-)으로 되어 있고, 하권에는 전傳, 송訟, 서書를 유형별로 수록하고, 말미에는 효열록孝烈錄 및 발문 跋文으로 되어 있다.

『잠소록』의 편목과 관련 인물을 정리해 보면 대개 다음과 같다.

<표4> 『잠소록』의 편목과 관련 인물

잠소록 편목	연대(년)	성명	관직	비고
잠소록 서 1	1906	김덕수	승정원 좌부승지	
잠소록 서 2	1906	김태동	장릉 참봉	염선재의 10세손
유사	1671			
묘지문 1	1671 (현종 12)	김규 (두계공)	자여도 찰방	염선재 所生 5子
家狀	1906	김래현	행 의금부도사	염선재의 9세손
묘지문 2	1906. 10	김연규	규장각 부제학	염선재의 9세손
묘갈명	1907. 5	이용원	의정부 우찬성	立石 日字
上言 1	1906. 3	김기연 등		자손 123인 (上言)
上言 2	1906. 4 (?)	이인직 등	연산 유생	유생 상언
筵稟	1906. 4	민영규	내각 대신	경연에서 품의
칙명 敎旨	1906. 4	[고종]		
焚黃 고유문	1906. 5	김래현	행 의금부 도사	염선재의 9세손
세일사 축문	1906. 10	김래현	〃	〃

잠소록 편목	연대(년)	성명	관직	비고
입석 고유문	1907. 5	김래현	〃	〃
墓祭文	1907. 6			
정부인 김씨 傳		이응익	(종2품관)	
정부인 김씨 誌		김철현	사직 서령	염선재의 9세손
잠소록 추기 1	1906	이재정	중추원 찬의	
잠소록 추기 2	〃	이경식	전성균관장	
잠소록 추기 3	〃	민정식	이조참판	
잠소록 추기 4	〃	이건용	전 궁내부 특진관	
잠소록 추기 5	〃	김윤식	전 병조판서	
잠소록 추기 6	〃	윤상연	전 평안도 관찰사	
잠소록 추기 7	〃	김정현	진사	염선재의 9세손
잠소록 추기 8	〃	이인직		완산이씨
잠소록 발문		김래현	행 의금부 도사	염선재의 9세손

여기서 특히 주목되는 자료는 염선재 김씨부인의 묘지문墓誌文과 유사遺事이다. 이것은 그의 다섯째 아들인 두계공 김규가 쓴 것으로 순천김씨의 당대의 기록이라는 점에서 가장 핵심적인 자료가 된다. 다음으로 주목되는 자료는 고종 때 증직 받은 칙명 교지이다. 이것은 염선재의 절사節死가 여느 부인의 절사와 다른 점을 명기하여 내린 교지로써 염선재의 절사의 성격을 잘 드러내 준다는 점에서 의미가 크다. 그리고 '잠소록 추기'는 그가 정부인으로 증직되던 해의 당대의

고관대작들이 그의 죽음에 대한 평가를 더한 것으로써 한결같이 그의 의리 있는 절행을 높이 평가하여 '여사女士'라 하고 그의 절행이 윤리도덕의 증진에 귀감이 된다고 적고 있는 점이 주목된다.

(2) 정려旌閭와 잠소각潛昭閣

이상에서 살핀 바와 같이 염선재는 출중한 효孝와 열烈이 있었지만, 절재 김종서가 신원된 후에도 161년이 지나서야 국가로부터 '정부인貞夫人'의 증직을 받게 되었다. 그 사이에 후손들은 고종 19년(1882)에 계룡의 금암에 그의 재실인 염선재念先齋를 지어 선조의 제사공간을 마련하였다. 염선재念先齋는 '선조를 생각하는 집'이라는 뜻이니, 선조 절재공의 신원을 간절히 바랐던 순천김씨의 염원을 잘 드러낸 이름이었다. 고종 43년(1906)에는 염선재의 얼과 정신을 영원히 기리고 알리기 위하여 그의 일대기를 모은 『잠소록』을 간행하였다. 그리고 1976년에는 재실 염선재의 언덕 쪽에 '순천김씨 정려旌閭'를 건립하였고, 최근에는 사당인 잠소각潛昭閣이 건립되었다. 형식으로 보면 이제 염선재는 확실하게 유감없이 '잠소부인潛昭夫人'이 된 것이다.

5. 맺음말

염선재 순천김씨의 절행은 그의 출중한 효행孝行과 탁이한 열행烈行으로 요약될 수 있다. 8세 때 그는 위급에 처한 아버지의 쾌유를 위해 3일간 사당 앞에서 기도하였고, 한여름에도 지극한 정성으로 얼음을 찾아내어 아버지의 병을 구함으로써 당시 사람들이 그 효행을 높이 평가하였다. 평소에도 그는 항상 부모 곁을 떠나지 않으면서 정성으로 부모의 뜻을 받들고 몸을 보살핀 효성이 출중한 효녀였다. 순천김씨의 효행은 특히 그가 17세 되던 해 선조의 신원을 위해 덕망가의 힘을 빌려야 한다는 아버지의 간절한 소망을 받아들여 스스로 사계의 둘째 부인의 자리를 수용한 데서 돋보인다.

이후 순천김씨는 부군 김장생의 임지에 수행하여 가내와 관내의 주어진 일들을 모범적으로 처리하여 내조하였고, 43년 동안 해로하며 부군 사계를 잘 보필했으며, 슬하에 8남매(6남 2녀)를 낳아서 모두 성공적으로 잘 키워냈다. 특히 장남 영燦은 생원이고, 차남 경槃은 그림을 잘 그려서 사계의 『상례비요』의 삽도를 그렸으며, 5남 규槼(荳溪公)는 자여도 찰방을 지냈고 후에 공조참의에 증직되었으며, 6남 비棐는 글씨를 잘 써서 「양성당養性堂 제영題詠」을 써서 남겼는데 송시열이 그 발문을 지어주었다.

염선재 김씨부인은 시댁 선조의 제사 모시는 일과 부군 섬기는 일, 그리고 자녀 양육에 헌신적이고 모범적인 삶을 살았다. 그러나 김씨부인은 항상 절재 대감의 원한을 풀지 못한 것에 대한 여한으로 평생토록 이[齒]를 드러내 놓고 웃지 않았다. 그의 언행을 보고서 문경공文敬公께서 항상 탄식하면서 말씀하시길, "평생 동안 선조를 사모하는 것이 나이 50에 부모를 사모하는 것보다 어렵다."라 하였다.

인조 9년(1631) 사계 선생이 84세를 일기로 서거하였다. 염선재는 소식素食을 하면서 삼년상을 손수 챙겼고 담제와 길제를 모두 마친 27개월 만에 스스로 단식으로 죽음의 길을 택하였다. 이때 그는 자신의 죽음이 필부의 일반적인 종부절사가 아님을 밝히고, 혹 자녀들이 자신의 죽음을 관에 알려서 국가의 표창을 바라는 형식을 취하지 말도록 당부하고, 그것은 임금을 속이고 조상을 속이는 일이라 하였다. 그 해(계유년, 1633)는 절재 김종서가 누명을 쓰고 죽임을 당한 바로 그 해 계유년(1453)이었다. 순천김씨가 자진한 이유가 무엇이었는지를 설명해 주는 대목이다.

역사를 보면 극단의 상황에서 또는 남편의 죽음을 뒤따라서 여성이 자진하는 경우는 중국에도 있었고 고려시대에도 있었다. 그러나 먼 조상의 설원雪冤을 위하여 단식斷食으로 죽은 사례는 찾아 볼 수 없다. 다만 19세기에는 '종부절사從夫節死'가 상당히 나타나지만 이 역시 조상의 원한을 신원하기 위해서라는 의미를 덧붙인 사례는 없다. 이 점이 바로 염선재 순천김씨의 절사節死의 특징인 것이다. 이것은 고종의 증직교지에서도 나타나 있다.

염선재가 결국 죽음의 길을 택할 수밖에 없었던 이유는 선조의 신원을 이루지 못한 데에 대한 여한과 자책 때문이었다. 그러나 또한 거기에는 그 자신이 혼인으로 선택하였던 명문가 광산김씨가의 사람들을 향한 그의 간절한 소원의 강한 표출일 수도 있었다. 이때 신독재 김집은 사계를 이어 기호사림의 종장으로 명망을 얻고 있었고, 허주 김반도 이미 문과에 급제하여 벼슬이 사간에 올라 있었다. 그들과 그 후손들에 대한 기대가 없지 않았을 것이다. 실제로 후일 광산김문의 내외손들은 중앙정계에서 김종서의 신원 및 그 후손들의 녹용과 관련된 조정의 담론에서 상당한 긍정적 역할을 하였다.

조선의 역사에서 김씨부인의 절사와 유사한 사례는 조선중기 충암 김정의 부인 송씨 부인의 절사에서 찾아진다. 송씨 부인은 부군 김정이 기묘사화(1519)로 억울하게 죽어가자 단식으로 종부절사를 단행하면서, 후손들에게 부군이 전에 '신씨 복위'의 정당한 뜻을 이루지 못하고 죽었으니 이 문제가 해결되기 전에는 신주를 땅에 묻지 말라고 당부하였다. 이들의 자진은 단순한 종부절사와는 다른 '의리義理'를 펴고자 하는 깊은 뜻이 담긴 절사였던 것이다.

순천김씨의 일대기를 모은 『잠소록』에는 한말 고관대작들의 김씨 부인에 대한 긍정적 평가가 줄을 이었다. 마침 국운이 풍전등화인 시절이라 의리 정신을 고양하는 일에 대한 공감도가 유난히 컸을 것이다. 그러나 생명이 중시되는 오늘날의 관점에서 보면 '종부절사'는 어떤 형태로든 바람직한 것이 될 수 없다. 다만 우리가 이 시점에서 순천김씨의 절사에서 주목해야 할 것은 그가 마지막으로 선택한 종부절사의 방법보다는 절사로 보여준 꿋꿋한 절의정신이다. 김씨부인의 자진은 단순히 '남편이 죽었으니 나도 따라 죽겠다.'는 차원의 종부절사가 아니었다. 오히려 그것은 180년이나 반역 누명을 벗지 못해 원혼이 되었을 조상 김종서의 신원을 이루어내지 못한 후손으로서의 자탄과 또 앞으로 그것이 이루어지기를 바라는 간절한 염원의 소산이었다. 거기에는 또한 거의 2백년을 신분을 숨기고 음지에서 살아야 했던 동종의 상처와 명예를 치유 받고자 하는 뼈저린 염원과, 나아가서 반역을 조작한 세력의 불의와 부당을 세상에 밝히고자 하는 염원이 또한 없지 않았을 것이다. 그런 점에서 염선재의 절사는 17세기의 한국정신사에서 새롭게 평가되어야 할 종부절사였다고 해야 할 것이다.

참고문헌

『조선왕조실록』, 『여지도서』, 『오륜행실도』, 『삼강행실도』, 『회덕읍지』.
『잠소록』, 『순천김씨 지평공파보』(전), 『순천김씨 세적록』.
『광산김씨 양간공파보』, 『연산서씨족보』(계사보), 『은진송씨 세적록』.
『김반신도비』, 『김익희 가장』.
『광산김씨 허주공파세적록』(송백헌 편), 광산김씨 허주공파 종중, 2010.

조선 여성의 정절을 드러낸 연산서씨

송 백 헌
충남대학교 명예교수

1. 들머리
2. 서씨부인의 생애와 그 행적
3. 묘역의 조성배경
4. 마무리

1. 들머리

전민동에 자리한 산소골은 수백 년 동안 잘 보존되어 내려온 광산김씨 문중묘역, 더 정확히 말하자면 허주虛舟 김반金槃 내외분을 비롯하여 그 후손들이 묻힌 중부지역의 대표적인 묘역 중 하나이다.

이 묘역이 처음 조성된 것은 1640년(인조 18)으로 소급된다. 그 이전까지 이곳은 회덕현에 속한 정민역貞民驛이 자리하고 있던 곳이었다. 그러던 곳이 병자호란 이후 허주공이 타계하면서[1] 이 정민역 터에 허주공과 서씨부인, 그리고 그분의 작은 아들인 충정공忠正公 익겸益兼의 체백體魄이 안장되고 이어 그 후손들의 묘소가 들어서면서 자연스럽게 허주공과 자손들의 문중묘원으로 형성된 것이다.

전민동 광산김씨 묘역이 조성된 데 대하여는 지금까지 자세한 이전 배경에 대하여 알려진 바가 없었다. 다만 병자호란으로 순절한 충정공 익겸과 어머니 서씨부인의 체백體魄을 당시 혼란 중에 경기도 파주군 교하交河 땅에다 임시로 모셨다가 4년 뒤에 부군 허주공이 타계하자, 이곳 정민역 자리에 허주공의 체백을 모시면서 서씨부인의 체백을 옮겨와 합폄하고, 충정공의 체백도 동시에 이곳으로 이장하였다는 기록과 그 가문에 입으로 전해오는 이야기만 전하고 있을 뿐이다.

최근에 이르러 한기범 교수와 필자가 그 조성배경에 대한 일단을 처음으로 간략히 소개한 바 있다.[2] 그러나 그 뒤에 추가로 수집된 자료가 있어 이를 검토한 결과 그러한 요인 이외에 또 다른 사실이 광산김씨의 묘역 조성배경으로 추정되기에 여기에서 살펴보려는 것이다. 하지만 전민동 광산김씨 묘역의 조성에 서씨부인이 관련된 것만은 변함이 없는 사실이기에, 이 글에서는 먼저 묘역조성에 직접적인 관련이 있는 서씨부인의 생애, 인품 그리고 행적을 고찰하고 서씨부인이 전민동 광산김씨 묘역조성에 어떠한 요인으로 작용했는가를 살펴보고자 한다.

2. 서씨부인의 생애와 그 행적

1) 가계家系와 품성品性

정경부인에 증직된 서씨부인은 본관이 연산으로 김반金槃의 배위이다. 부군 반槃은 자를 사일士逸, 호를 허주虛舟라 한 조선 광해군, 인조 때의 큰 선비이자, 이름난 관리로, 조선유학의 태두로서 동방예학을 최초로 체계화한 사계沙溪 문원공文元公 장생長生의 셋째 아들이며, 신독재愼獨齋라 칭해지는 대유학자 문경공文敬公 집集의 아우가 된다. 허주는 선대의 가훈을 충실히 계승하면서 맑고 높은 벼슬을 역임하고, 자손들을 훌륭하게 길러 광산김씨 가문을 크게 현창한 큰 선비로 알려져 있는데 그 분을 뒤에서 내조한 훌륭한 여인이 바로 서씨부인이다.

서씨부인은 이조판서, 양관대제학을 거쳐 영의정에 증직된 창주滄洲 문정공文貞公 익희益熙와 병자호란 때 강화도에서 절사節死하고 영의정에 증직된 충정공忠正公 익겸益兼, 형조참판을 거쳐 이조판서에 증직된 충헌공忠獻公 익훈益勳, 승문원 정자를 거쳐 이조참판에 증직된 정자공正字公 익후益煦, 그리고 사헌부 대사헌을 지낸 도헌공都憲公 익경益炅 등 다섯 형제 등 5남과 3녀를 낳아 기르고 병자호란 때 강화도에서 순절殉節하여 정려가 내려진 열녀烈女이기도 하다. 이렇듯 서씨부인의 소생은 당대는 물론 후대에 이르기까지 한 분의 왕후(인경왕후)를 비롯하여 세 분의 상신相臣(증직은 제외), 여섯 분의 부조묘, 일곱 분의 대제학, 시호가 내려진 분이 스물다섯 분, 대과에 급제한 분이 일흔여섯 분이나 되는 큰 인물들을 배출함으로써 광산김씨를 삼한갑족三韓甲族의 반열班列에 오르게 한 장본인으로 우리나라 부녀자 중에서 가장 장한 어머니로 꼽히는 분이다.

허주는 처음에 안동김씨 첨지중추부사僉知中樞府事 진려進礪의 따님을 초배初配로 맞아 한성부윤을 거쳐 남원도호부사를 지낸 학주鶴洲 남원공南原公 익렬益烈과 3녀를 낳고 사별한 뒤에 서씨부인을 계배繼配로 맞은 것이다.

서씨부인은 여조麗朝의 공신으로 연성군連城君에 봉해진 비조鼻祖 준영俊英 이래 600여 년 동안 지知, 인仁, 용勇의 삼달三達과 문장文章, 도덕道德을 중히 여기는 우리나라의 전통 있는 가문에서 장예원掌隸院 판결사判決事를 거쳐 임진왜란 때 군공軍功으로 원종공신에 녹권錄券되고, 인조 때 병조참판에 증직된 주澍와 정부인에 증직된 광주이씨廣州李氏 사이에 2남 5녀 중 4녀로 태어났다. 신라의 아간阿干 신일神逸을 시조로 모시는 이천서씨利川徐氏와 연원을 같이 하는 연산서씨는 2세 보寶가 여말의 혼란스런 시기에 충청남도 홍성의 옛 고을인 결성현結城縣 덕은동德隱洞(현재 홍성군 구항면 대정리)으로 내려와 은거隱居한 이래 대대로 그 땅에서 세거世居하여온 망족望族이다.

3세 현신교위顯信校尉 훈련원습독관訓練院習讀官 의민義敏과 4세 중훈대부中訓大夫 행정산현감行定山縣監 종수宗秀에 이어 5세 통훈대부通訓大夫 행제주판관行濟州判官 연憐에 이르러 가문이 크게 빛났다.

연은 어린 시절에 부친을 여의고 외조부인 봉화정씨奉化鄭氏 우의정 양경공良敬公 문형文炯의 보살핌으로 자라나 19세에 무과에 장원급제하여 바로 제주판관으로 나아갔다. 그때 제주에는 암굴에 서식하면서 섬 주민들을 몹시 괴롭히는 사악한 큰 뱀이 있어 주민들은 모두 두려움에 떨고 있었다. 그는 제주 판관으로 부임하자 지혜로 그 뱀을 물리쳐 백성을 구하는 등 10대의 젊은 명관名官으로 선정善政을 베풀어 크게 명성을 떨쳤으나 불행히도 약관 22세에 요서夭逝함으로써 큰 뜻을 펴지 못했다. 제주도 구좌읍에 있는 김녕사굴金寧蛇窟이 바로 그 뱀이 서식했다는 굴인 바 그 굴 앞과 그의 고향인 충남 홍성군 구항면 대정리에는 제주판관 연을 기리는 송덕비가 세워져 있다.

6세는 연기현감을 지낸 천령千齡이고, 7세는 황滉, 혼混, 주澍 등 3형제인데 황과 혼은 일찍 타계하여 자손이 없고 막내인 주澍만이 슬하에 후적後積과 효적效積의 형제와 5녀를 두었으니 그 분이 바로 서씨부인의 부친이 된다. 더 구체적으로 말하자면 서씨부인의 친정 오빠는 석성현감石城縣監으로 승정원 좌승지에 증직된 후적後積과 참정사원종공신參靖社原從功臣에 녹권錄券되고 호조좌랑과 사복시정司僕寺正에 증직된 효적效積이 있으며, 언니는 수원水原을 본관으로 한 판관 최정완崔貞完의 부인과 온양인으로 참판에 증직된 정완鄭浣의 부인, 의령인宜寧人으로 좌찬성左贊成에 증직된 남식南烒의 부인 등 3명이 있으며, 여동생은 기계인杞溪人으로 참판參判 기평군杞枰君 유백증兪伯曾의 부인이 있다. 그 중 숙종 때 영의정을 지낸 유학자 약천藥泉 남구만南九萬은 바로 좌찬성에 증직된 남식의 손자이자, 현령縣令으로 영의정에 증직된 남일성南一星의 아들로 서씨부인의 바로 언니의 손자가 되니 서씨부인은 남구만에게 이모할머니가 되는 셈이다.

이상에서 설명한 연산서씨 가문의 세계를 도표로 그려보면 다음과 같다.3)

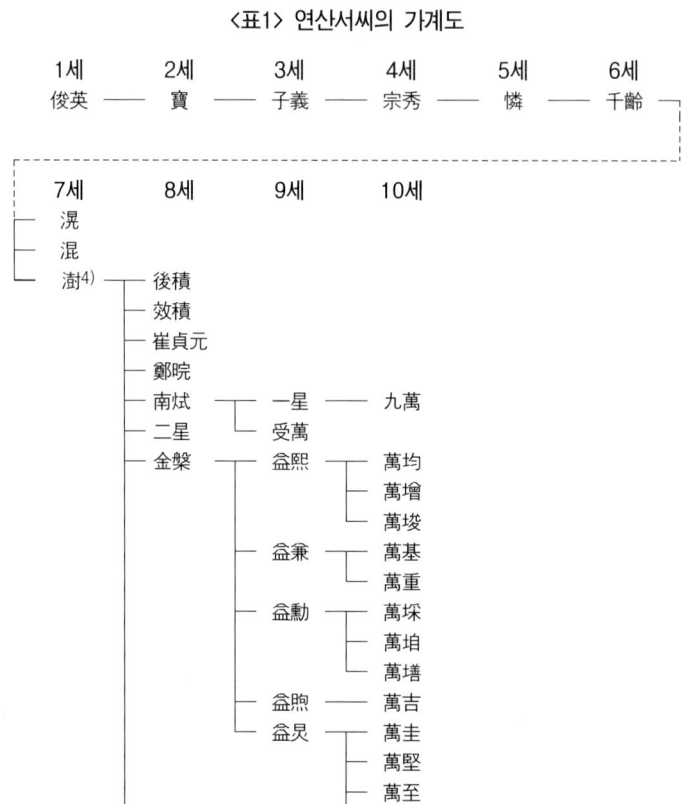

<표1> 연산서씨의 가계도

　이처럼 지체 있는 가문에서 태어난 서씨부인은 타고난 원만한 품성에다가 가정에서 훌륭한 예절교육에다 부덕을 닦고 자랐으며, 조선 예학의 본산인 광산김씨 가문으로 출가한 뒤로는 대대로 이어오는 가풍을 충실히 지키면서 시댁의 어른을 공경하고 아래로 자녀를 의롭게 가르친 결과 광산김씨 가문을 삼한갑족三韓甲族의 반열에 올려놓은 것이라 풀이된다.

서씨부인의 인품에 대하여 아들 익희는 '가장家狀'에 "어려서부터 성품이 효도하고, 심히 부덕이 있어서 출가 후에는 삼가며 어질고, 용서하며 집을 다스리는 데에 법도가 있어서 엄하지 않아도 정돈整頓되었고, 여러 아들을 가르치는 데 있어서는 의방義方으로써 하며, 내외 친속을 접대함에 있어서는 곡진曲盡한 은의恩意가 있었다. 부군은 내조를 힘입어서 늙도록 서로 예로써 대하고 공경하기를 더욱 지극히 하였다."5)고 기록하였고, 청음 김상헌이 지은 신도비명에도 "서씨부인은 부덕婦德이 있어 늙어도 서로 공경하니 내외 친척들이 그 예경禮敬을 칭찬하였다."6)고 적혀 있다.

이 짧은 두 개의 기록만으로도 연산서씨가 어떠한 인품을 지녔으며 자녀교육에서 집안을 다스리는 법도에 이르기까지 어떠했는가를 미루어 짐작할 수 있다.

2) 서씨부인의 열행烈行

1636년(인조 14) 병자丙子 12월 청나라 태종이 직접 10만 대군을 이끌고 우리나라를 침략하여 왔다. 이것이 병자호란이다. 오랑캐들이 거의 한양에 접근해서야 이 소식을 들은 임금과 조정의 대신들은 강화도로 피난을 하려고 하였으나 형편이 워낙 급박하여 남한산성으로 들어갔고, 왕자와 비빈妃嬪, 종실宗室들과 사대부士大夫의 부녀자婦女子들은 모두 강화도로 피신하게 되었다. 이때 허주 김반과 그의 둘째 아들인 창주滄洲 익희益熙는 임금을 모시고 남한산성으로 들어갔고, 생원시에 장원급제한 창주의 아우 익겸益兼은 그의 모친인 서씨부인을 모시고 강화도로 들어가서 강화유도대장江華留都大將인 김상용金尙容의 휘하에서 섬을 사수하겠다는 결심으로 항전을 계속했다. 그러나 전황이 불리해지고 고전을 하는 중에 다음 해인 1637년(인조 15) 정월에 오랑캐들이 강을 건너 강화도를 함락하려는데7) 아들 익겸은 선원仙源 김상용金尙容, 효원孝元 권순장權順長 등과 함께 남문에 화약궤를 가져다 놓고 그 위에 걸터앉아 자분自焚하려고 약속하였다. 이에 영의정 윤방尹昉이 이 사실을 알고 달려와서 애써 만류하였으나, 익겸은 활을 잡고 화살을 가리키며 감연히 말하기를 "그래도 한 사람의 적수는 되지 않을까보냐."라고 말하였다. 그 달 22일에 일이 급해짐을 알고 익겸은 선원仙源 김상용金尙容을 따라 남쪽 성루城樓에서 화약을 터뜨려 분신자살을 하였다.8)

서씨부인은 전세가 날로 불리해지는 남한산성의 소식을 연속 들으며, 눈물겨워 하면서 식사를 않더니 오랑캐가 강화도에 침입하면서 아들 익겸이 순사殉死하였다는 소식을 듣자 바로 목욕재계하고 단정히 앉아서 자결하였다.9)

뒤에 서씨부인의 열행 사실이 세상에 널리 퍼져 마침내 조정에까지 알려짐으로써 드디어 1639년(인조 17)에 조정에서 열녀 정려가 내려져 현재 대전광역시 전민동 산소골에 세워져 있다. 그 정려문 안에는 다음과 같은 내용이 기술된 편액이 걸려 있다.

烈女 贈大匡輔國崇祿大夫 議政府領議政 兼 領經筵監 春秋館事 世子傅行嘉善大夫 吏曹參判 兼 同知經筵 成均館事 金槃妻 贈貞敬夫人連山徐氏之閭
己卯 六月 日

그런데 여기서 우리가 눈여겨보아야 할 것은 서씨부인의 절행節行은 특별한 의미를 지니고 있다는 점이다. 왜냐하면 엄밀히 따져서 볼 때 서씨부인의 열행은 일반 부녀자들의 그것과는 그 차원이 다르기

때문이다. 왜냐하면 보통 부녀자들의 절행이란 남편이 타계함에 따라 자진하는 여필종부女必從夫의 그것이 일반적인 경향이다. 하지만, 서씨부인의 경우는 부군 허주공이 엄연히 생존해 있음에도 작은 아들이 순사하였다는 소식을 접하고 바로 자결하였다는 사실이 일반 여인들과는 다르기 때문이다. 언뜻 생각하면 아들이 순사하였기에 자신도 바로 자진하였다고 볼 수도 있다. 그렇지만 그 죽음은 서씨부인에게는 명분상으로 맞지 않는다. 만약 일반 부녀자로서 그 아들이 외아들이었다면 행여나 그럴 수도 있을 것이라고 생각할지 모른다. 그러나 그 순사한 아들 밑으로도 자라지 않은 어린 아들이 세 명, 딸이 세 명 등 여섯이 있고, 거기에다 남편이 엄연히 생존해 있는 처지에 그러한 결행을 필부로서는 도저히 할 수 없기 때문이다.

그런데 서씨부인은 자진自盡을 한 것이다. 그것은 자신이 자진하기 전부터 전세가 불리해지는 남한산성의 슬픈 소식을 듣고 눈물겨워 하면서 식사를 하지 않을 정도로 나라에 대한 걱정이 컸던 차에 강화도가 함락되고 아들이 순사하자 망국적인 비애가 너무나 커서 자진한 것으로 보아야 할 것이다. 더구나 부인이 지니고 있는 그 훌륭한 인품으로 보나 당시 남편의 높은 지위는 물론 창주 익희 같은 장한 아들을 슬하에 둔 어머니의 처지로 볼 때 망국적인 현실에 안주할 수 없었기에 애국적인 차원에서 진작부터 자진을 결심한 것으로 풀이해야 마땅할 것이다.

이런 점에서 서씨부인의 절행은 더욱 고결한 것이다.

오랑캐가 물러가자 허주 김반은 바로 남은 아들을 거느리고 강화도에 들어가 부인 연산서씨와 아들 익겸의 시신을 수습하여 경기도 파주 땅 교하현交河縣 청라촌靑蘿村의 강가에다 임시로 장사를 지냈다가 4년 뒤에 길지吉地를 찾아 '산소골'이라 불리지는 현재 대전광역시 유성구 전민동인 당시 회덕현懷德縣 정민리貞民里로 이장하였다.

허주공 가문에서는 이 산소골을 가문의 선대 묘역으로 정성껏 가꿔 숭조돈목崇祖敦睦의 정신적 도량道場으로 지금까지 변함이 없이 이어오고 있다.

3. 묘역의 조성배경

광산김씨의 가문에 전해오는 이야기에 따르면 허주 김반은 이곳에다 자신과 부인의 장지를 정하고 나서 자손들에게 "내 아들이 비록 생원시에 합격한 젊은이지만 나라를 위하여 순절한 큰 인물이니 내가 묻힐 이 자리 위에다가 그의 시신을 묻어 달라."고 일렀다고 한다. 이러한 허주공의 분부에 따라 충정공 익겸 내외분의 산소가 허주공의 산소 위편에 자리하는 역장逆葬이 되었다는 것이라고 한다.

이것으로 미루어 허주공의 생전에 전민동의 산소 자리가 미리 정해진 것으로 보아진다. 앞서 언급한 바처럼 허주는 오랑캐가 물러가자, 남은 아들을 데리고 강화도로 들어가 부인과 아들 익겸의 체백體魄을 거두어 파주 땅 교하현交河縣 청라촌靑蘿村의 강가에다 임시로 장사를 지내고 자신과 부인, 그리고 아들이 묻힐 장지를 널리 구했을 것이 분명하다.

그때 마침 둘째 사위인 이후원李厚源이 충청도관찰사로 부임하여 장인 내외분과 작은 처남의 장지로 자신의 관할 아래에 있는 국유재산인 정민역 터를 지목하여 그곳에다 묘지를 조성하고, 대신 정민역을 그곳에서 500여 미터 아래에 떨어진 지금의 엑스포 아파트 근처로 옮겼다는 것이다. 그 같은 사실은 완남부원군完南府院君 이후원李厚源

의 충청도관찰사 재임기간10)이 묘지조성 시기와 맞아 떨어지기 때문에 더욱 신빙성이 더해진다.

묘지가 정해진 다음 허주가 타계하자, 미리 정해진 자리에 허주와 부인 서씨부인의 체백을 합폄하고, 바로 위에다 충정공 익겸의 시신을 안장하였다.

이러한 사실이 밝혀졌음에도 궁금증은 여전히 남았다. 그것은 도대체 그 정민역 자리가 명당이라는 사실을 누가 허주공 가문에 알려 주었는가 하는 문제다. 그런데 최근에 필자가 찾은 또 다른 광산김씨 문중, 즉 전리공파의 파보를 보면서 그 의문을 풀 만한 단서를 발견했다.

전민동과 이웃한 탑립동에는 전리공파典理公派라 불리는 광산김씨의 한 파가 조선초기부터 세거世居하여 왔던 것이다. 허주공의 11대조인 영리英利의 친형이자 16세 진석의 장남인 광리光利(17세)에게 현손인 치기恥其가 그곳의 입향조가 된다. 그러니까 전리공파는 연산지역 광산김씨의 큰댁이 되는 셈이다.

광리는 고려 충선왕 때 봉익대부奉翊大夫 전리판서典理判書 영삼사사領三司事를 지냈고, 그 아들 인우仁雨 역시 충숙왕 때 봉익대부 전리판서와 밀직부사密直副使를 역임하였으며, 손자 성지誠之 또한 봉익대부 전리판서를 지내고 조선조에 들어서 벼슬을 하였기 때문에 그 집안을 전리공파라고 부른다. 김치기는 조선 초 전농시典農寺 주부主簿를 지냈고 정난원종공신靖亂原從功臣에 녹권錄券이 되었으며 참찬參贊을 증직 받고 문열文烈이라는 시호가 내려진 큰 인물이었다.

이렇게 볼 때 탑립동에 세거하고 있는 광산김씨 전리공파는 허주공파들이 전민동에 묘지를 조성하기 훨씬 이전인 선초에 이미 탑립동에 세거하고 있었던 것이다. 그들이 그곳에 세거하게 된 것은 입향조入鄕祖인 김치기가 도룡동에 세거하기 시작한 민심언閔審言의 사위가 되면서

부터이다. 여흥민씨 도룡동 입향조인 민심언은 이 지방에서 오랫동안 세도를 누려온 여산송씨 집안의 목사牧使 송전宋琠의 사위가 되면서 회덕 땅에 살기 시작하였으니 민심언이나 김치기 모두 다 처변妻邊으로 이곳에 뿌리를 내린 것인데, 그들의 입향 시기는 민심언과 김치기의 활동연대로 보아 고려말에서 조선초기로 여겨진다.

이후 김치기(21세)의 후손들은 대대로 탑립동(義節村: 산의절)에 세거하면서 이곳을 중심으로 이웃 마을인 전민동(旺洞), 봉산동, 도룡동 등지에 산과 토지를 많이 소유하고 그곳에 묘소를 쓰면서 세도가로 행세하며 살아왔던 것이다. 특히 27세인 수졸헌守拙軒 혹은 완곡完谷이라 호를 한 익제益濟는 병자호란에 상유庠儒로 소疏를 올려 화의和議를 배척하였으며, 어가御駕를 남한산성으로 모셨고, 뒤에 탑립동 의절촌에 돌아와 벼슬길에 나아가지 않고 신독재愼獨齋 집集의 문하에서 수학하였으며 종제從弟 우재愚齋와 더불어 도의를 논의하고 경방양자經邦樣子 한 편을 저술하여 후세에 전한 숨은 선비였던 것이다.

이들의 가계를 도표로 그리면 다음과 같다.

<표2> 광산김씨 전리공파 가계도

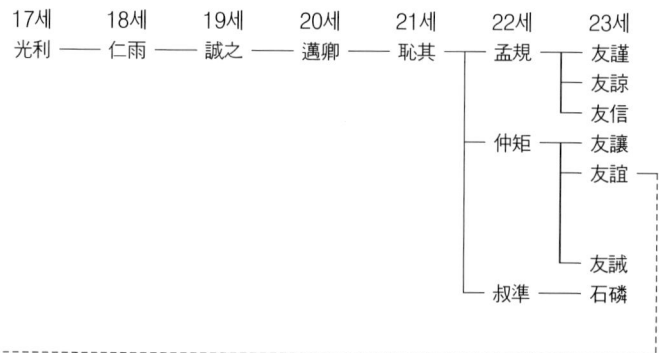

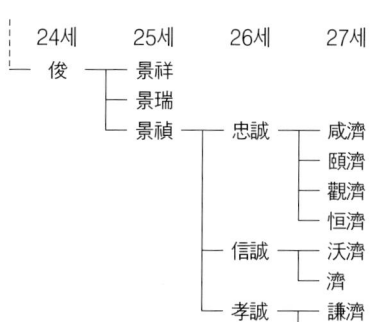

이러한 사실들로 미루어 보아 이미 이곳 탑립동은 물론 전민동에까지 상당한 뿌리를 내리고 살아온 전리공파 광산김씨는 작은 집인 사계 문중과는 진작 사계 당시부터 잦은 접촉이 있었음은 물론 수졸헌守拙軒 익제益濟의 경우 직접 신독재의 문하에서 수학한 바까지 있으니 묘역 조성에 직접적인 정보를 제공했음을 미루어 짐작할 수 있다. 더구나 스승의 아우 허주공의 사위가 충청도 관찰사 이후원이었으니 그 정보는 바로 묘지조성에 결정적인 영향을 주었을 것이다.

이렇게 볼 때 전민동 광산김씨의 묘역이 조성되는 직접적인 요인은 서씨부인의 절행과 충정공의 순절이었고, 두 분의 순절 후 묘소를 임시로 교하 강가에 모셨던 것이 난리가 끝나자 허주공으로 하여금 이전을 서두른 것으로 풀이된다.

따라서 전민동의 광산김씨 묘역은 병자호란으로 절사하여 경기도 교하 강변에 임시로 장사를 지낸 서씨부인과 그 아들 익겸이 묻힐 묘소이자 허주공의 신위지지 마련을 위한 과정에서 전민동에 대한 전리공파의 제보와 관찰사 완남부원군의 힘으로 어렵지 않게 조성된 것으로 보아 마땅하다.

4. 마무리

이상에서 보아온 바와 같이 절부節婦 연산서씨는 광산김씨 허주공 가문을 크게 현창한 자랑스러운 어머니이다. 허주공의 계비로 광산김씨 가문에 시집을 와서 선대부터 내려오는 가정 법도를 바르게 지키며 위로는 시부모인 사계 문원공 내외분과 시숙인 신독재를 정성으로 받들고 아래로 여러 자녀를 의방義方으로 기름으로써 광산김씨 가문을 삼한갑족의 반열에 올려놓고 마침내 나라를 위해 목숨을 바쳐 절부로서의 수범을 보인 서씨부인이야말로 이 나라의 대표적인 여인상이다.

그분의 고결한 죽음은 전민동 광산김씨 묘역조성에 직접적인 영향을 끼쳤으니, 서씨부인의 체백體魄이 부군 허주공의 그것과 함께 이곳에 안장되면서 자손들은 그곳을 문중의 묘원으로 대대로 이어오고 있어, 지금은 대전의 자랑스러운 명소의 하나로 꼽히고 있다. 그 묘원조성에는 선초鮮初부터 이웃 동리에 살아온 광산김씨 전리공파의 큰 도움과 당시 충청도관찰사였던 사위 완남부원군 이후원李厚源의 각별한 배려가 있었다.

그 장한 어머니의 큰 덕은 대대로 미쳐 자신의 소생으로 3명의 상신相臣, 7명의 대제학에다 부조不祧의 은전恩典을 받은 분이 6명, 시호諡號를 받은 분이 25명, 대과에 급제한 분이 무려 76명이나 되니, 우리 역사상으로 한 여인의 몸에서 태어난 자손들로 이만한 역사 인물이 배출된 예가 없다.

그럼에도 지금까지 이러한 서씨부인에 대한 연구가 거의 없었던 것은 아쉬운 일이었다. 뒤늦게나마 이처럼 장한 어머니에 대한 조명의 기회가 온 것을 그분의 자손들과 함께 모두가 기뻐하여야 할 일이라 생각된다. 앞으로 광산김씨 문중의 장한 여인들에 대한 계속적인 탐색을 기대한다.

참고문헌

韓基範 외,『유성의 인물과 정신』, 유성문화원, 2007.
韓基範 외,『전민동 삼강 충·효·열 유적의 인물과 정신』, 서포선생기념사
　　　업회 한남대충청학연구소, 2008.
宋百憲,『선비고을 유성이야기』, 유성문화원, 2010.
忠淸南道,『道先生案』, 忠南大學校附設 百濟硏究所, 1980.
光山金氏忠正公宗中,『光山金氏文獻錄(譯本全)』, 譜典出版社, 1983.
『連山徐氏譜(癸巳譜)』, 1773.
『光山金氏虛舟公派譜』, 光山金氏虛舟公派譜所, 2010.
『光山金氏良簡公派譜』 권1, 2010.

<부록>

연산서씨連山徐氏 소생所生
광산김씨光山金氏 역사인물歷史人物

□ 상신相臣·대제학大提學·부조묘不祧廟 16명

相臣	大提學	不祧廟
金陽澤: 領議政 忠正公派	金益熙: 滄洲 文貞公	金益兼: 忠正公
金相福: 領議政 文貞公派	金萬基: 瑞石 忠正公派	金萬基: 忠正公派
金 憙: 右議政 文貞公派	金萬重: 西浦 忠正公派	金萬重: 忠正公派
	金鎭圭: 竹泉 忠正公派	金春澤: 忠正公派
	金陽澤: 健庵 忠正公派	金雲澤: 忠正公派
	金相鉉: 經臺 忠獻公派	金鎭商: 忠獻公派
	金永壽: 荷亭 忠正公派	
계3명	계7명	계6명

□ 시호諡號 25명

文貞公派	忠正公派	忠獻公派	都憲公派
金益熙: 文貞公	金益兼: 忠正公	金益勳: 忠獻公	金相休: 文簡公
金元澤: 孝靖公	金萬基: 文忠公	金相岳: 文簡公	金箕殷: 淸獻公
金相福: 文憲公	金萬重: 文孝公	金箕性: 孝憲公	金在顯: 孝文公
金 憙: 孝簡公	金鎭龜: 景獻公	金在昌: 貞簡公	金洛鉉: 文敬公
	金鎭圭: 文淸公	金尙鉉: 文獻公	金輔鉉: 文忠公
	金春澤: 忠文公	金永穆: 文獻公	
	金普澤: 翼獻公		
	金雲澤: 忠貞公		
	金陽澤: 文簡公		
	金永壽: 文獻公		
계4명	계10명	계6명	계5명

□ 왕후王后: 인경왕후仁敬王后(肅宗의 妃: 忠正公派)

□ 과방科榜 75명

南原公派	滄洲公派	忠正公派	忠獻公派	正字公派	都憲公派
金在淸	金益熙	金益兼	金萬垛	金益煦	金益昊
金文鉉	金萬均	金萬基	金鎭商	金萬吉	金萬謹
金德洙	金相福	金萬重	金相翊		金相度
金稷鉉	金　憲	金鎭龜	金相定		金和澤
	金相戊	金鎭圭	金箕象		金箕殷
		金鎭華	金在昌		金相休
		金普澤	金在元		金在田
		金雲澤	金佐鉉		金補鉉
		金民澤	金箕晩		金翼鉉
		金祖澤	金公鉉		金在顯
		金陽澤	金敬鉉		金永哲
		金教材	金尙鉉		金九鉉
		金夏材	金壽鉉		金永悳
		金永秀	金永奭		金永迪
		金琦鉉	金永珖		金疇鉉
		金台鉉	金永穆		金在容
		金永壽	金喜洙		金永儀
		金學洙	金永典		金珏鉉
		金弼洙	金春洙		金永直
		金鶴洙	金天洙		
		金容元			
		金亮鉉			
		金容悳			
		金永翼			
		金龜洙			
계4명	계5명	계25명	계20명	계2명	계19명

두 아들을 대제학으로 길러낸 장한 어머니 해평윤씨

설 성 경
연세대학교 명예교수

1. 들머리
2. 정축호란 때 겪은 윤씨부인의 시련
3. 윤씨부인의 자녀교육과 그 덕행의 모습
4. 두 아들을 대제학으로 키운 장한 어머니

1. 들머리

흔히 우리들은 조선조의 명가를 일컫는 기준의 하나로 대제학을 배출한 수를 거론하기도 한다. 이 경우, 해평윤씨 밑에서 성장한 서석 김만기, 서포 김만중, 죽천 김진규가 특별히 주목을 받는다. 이들 세 사람이 거듭 대제학이 되었음은 광산김씨 문중의 대제학 배출의 위상을 높이는 데 크게 기여하게 되었다.

해평윤씨가 살았던 17세기 중후반은 내우외환이 겹쳐서 국가적 시련에 부닥칠 때였고, 그 위기 때마다 그녀는 비록 한 가정을 지키는 여인의 위치에 있으면서도 강인한 여군자의 모습을 보여주었기에 그녀의 아름다운 삶은 가족의 차원을 넘어서 국가적으로도 큰 힘을 발휘하는 데까지 이르렀다고 평할 수 있다.

특히, 그녀가 지닌 여장부다운 면모는 일찍 남편을 잃고 청상이 된 어려운 조건 속에서도 조금도 좌절함이 없이, 두 아들과 손자들을 헌신적으로 양육시켜서 국가적인 인물로 키워내었다는 점에서 단적으로 입증된다. 이처럼 두 아들이 나라를 대표하는 학자와 관인의 길을 성공적으로 걸어가게 된 데에는 정혜옹주로부터 받은 교육과 훈도가 근간이 되었고, 친정에서 물려받은 높은 예의식과 학식을 더욱 성숙시켜 두 아들에게 전해준 결실로 볼 수 있다. 이런 결실의 꽃이 두 아들이 생존해서는 대제학으로, 사후에는 현종과 숙종의 배종공신에 이르는 것으로 피어났다는 점에서 우리들의 주목을 더욱 더 끌게 한다.

2. 정축호란 때 겪은 윤씨부인의 시련

해평윤씨는 1617년 9월 15일에 명가의 외동딸로 태어났다. 그녀의 선계를 살펴보면, 고조는 문정공 윤두수로 영의정 해원부원군이었고, 증조도 문익공 윤방으로 2대째 거듭 영의정을 지냈다. 조부는 선조의 부마가 되어 해숭위에 봉해진 윤신지요, 조모는 선조의 따님인 정혜옹주1)였다. 윤신지는 어릴 때부터 총명하여 선조로부터 남다른 사랑을 받았고, 때때로 시를 지어 임금에게 바치기도 하였다.

부친인 윤지는 인조 때의 명신으로 벼슬이 이조참판에 이르렀고, 모친은 경기감사 홍명원의 딸인 정부인 남양홍씨였으니, 그녀의 가문은 실로 혁혁한 명가문이었다.2)

윤씨부인의 부친은 다른 자녀가 없었고, 정혜옹주도 다른 손자가 없었기에 해평윤씨는 조모 정혜옹주가 친히 안아서 길렀다. 정혜옹주는 손녀에게 직접 소학을 외워 가르쳤는데, 윤씨가 워낙 총명하여 한번 가르쳐주면 문득 깨달으니 항상 여자로 태어난 것을 안타까워하였다. 평소에 정혜옹주는 해평윤씨에게 의복과 음식을 넘치거나 사치하지 못하게 하면서, 그 까닭은 후일에 가난한 선비의 아내가 된다면 그렇게 해야 하기 때문이라고 하였다.

이렇게 정혜옹주 밑에서 궁중 예법과 가정교육을 받은 그녀는 광산 김씨 가문의 생원 김익겸의 아내가 되어 제2의 인생을 시작하였다.

해평윤씨의 시집은 대표적인 명문가로, 남편인 김익겸의 조부는 예학의 종주요 대학자인 사계 김장생이며, 시부인 허주 김반은 정시문과에 급제한 후에 형조좌랑·사간원 정언·홍문관 수찬·이조좌랑 등을 지냈으며, 정묘호란 때에는 인조를 호종한 관료로, 그 후에도 사인·응교·전한 등을 지냈던 학자였다.

또, 허주 김반의 차남인 충정공 김익겸은 형인 창주공 김익희와 함께 부친 허주 김반에게 수학했고, 생원시에 장원으로 급제한 장래가 촉망받는 젊은 진사였다. 그는 성균관 유생들과 함께 후금 태종이 국호를 청으로 고쳤을 때 경축사절로 갔던 사신들이 조선을 속국으로 취급한 국서를 가지고 청의 사신 용골대와 함께 귀국했을 때, 그들을 처형할 것을 주장한 절의파의 선비였다.

윤씨부인은 규문의 궤범을 겸비한 시모 서부인 밑에서 시집살이를 하면서도 많은 동서와 시누이 속에서 조금도 부족함을 보이지 않았다. 한번은 사계 김장생이 향리에 머무르다가 "내 들으니 신부가 심히 어질다 하는데, 자식은 어미를 닮는 이 많으므로 반드시 현자를 낳을 것이다. 내 비록 즉시 보지는 못하지만, 실로 집안이 흥할 것이라." 하였다.3) 그 3년 후에 꿈에 영기를 받아서 신룡이 뒷동산에서 일어나는 태몽을 꾸고 김만기를 한양 친정집에서 낳았으니 그 말이 적중하였다.

그러나 불행하게도 정축호란이 일어나자, 젊은 진사인 남편 김익겸은 태자 등을 모시고 강화도에 들어가서 항전을 하다가, 뜻밖에 대군이 몰아닥친 상황 속에서 청나라 군사와의 전투에서 밀려서 결국 강화성이 함락될 지경에 이르자 김상용과 함께 남문에 화약궤를 가져다 놓고 그 위에 걸터앉아 분신 자결하였다.

한편 윤씨부인은 성중을 돌아보니 연기와 화염이 하늘에 가득 차고 죽어가는 소리는 사방에서 들려왔기에 살 뜻이 전혀 없어 바다에 투신하기를 결단하고 갯가로 달려가 물속으로 뛰어들었다. 그때 윤씨부인은 만삭의 몸으로 추운 바닷물에 온몸이 얼어서 졸도를 하였다가 한참 후에 겨우 깨어났다. 정신을 차린 윤씨부인은 "이는 하늘이 슬피 여기시어 뱃속의 자식을 보존하려 하시어 내가 다행히 살았다."고 하면서, 정절을 지키면서 살아난 것을 천명으로 받아들였다.4) 그때, 마침 영남으로 후퇴하는 전선의 도움으로 목숨을 보전하게 되었던 것이다. 그 전선 속에서 유복자 김만중을 낳았기 때문에 어릴 때는 선생船生이라 불렀다.

윤씨부인은 만기와 갓 태어난 만중을 데리고 강화도에서 벗어나서 교동도로 옮겼다가 다시 대부도로 옮겼다. 거기서 약간의 안정을 얻은 후에 한양으로 돌아와서 회현방 소공주동에 있는 아버지 윤지의 집에서 살았다.5)

윤씨부인은 혼자서 친정의 조부와 부모, 그리고 어린 두 아들을 키우는 데에 온갖 정성을 기울였다. 그녀는 어릴 때부터 정혜옹주로부터 궁중 예법 수준의 예절을 지키는 법도를 엄격히 배웠고, 또한 빼어난 총명 위에 폭넓은 학문을 체계적으로 학습한 경험이 있었기 때문에 미망인의 처지라는 어려움을 이겨내면서 두 아들을 키워낼 수 있었다. 특히, 그녀는 한학과 경서에 높은 학식을 갖추고 있었기 때문에 어린 두 아들에게 『소학』·『십팔사략』·『당시』 같은 것을 직접 가르치면서 강도 높은 인격 교육까지 시킬 수가 있었다.

윤씨부인은 자식들의 장래를 위하여, 한편으로는 필요한 책들을 한 권이라도 더 사주기 위하여 밤낮없이 침선과 방적 등 가업에 보탬이 되는 일들을 손수 감당하였고, 다른 한편으로는 자식들의 학업 성취를 지켜보면서 최고의 스승들에게 자식들이 학문을 전수받을 수 있는 길을 모색하였다.

그러면서도 윤씨부인은 마음 한편에는 난리 중에 남편을 따라 죽지 못하고 살아남은 자신의 소명은 어떤 시련이 닥치더라도 두 아들을 제대로 교육시켜 국가의 대들보를 만드는 것이 바른 길임을 가슴 속에 새기게 되었다.6) 그래서 그녀는 솔선하여 글 읽는 모습을 보여주면서 바른 언행과 검소한 생활 속에서 현숙한 부덕을 몸소 실천하였다.

3. 윤씨부인의 자녀교육과 그 덕행의 모습

윤씨부인의 행적은 아들 서포 김만중이 지은 『정경부인윤씨행장』과 손자 죽천 김진규가 지은 『대부인행장습유록』에 그 골격이 기록되어 있다. 이 행장에서 전하고 있는 윤씨부인의 삶과 덕행의 몇몇 단면을 살펴보면 다음과 같다.

윤씨부인이 처녀 시절에, 조부와 부친이 함께 앉아서 시험 삼아 시사 문제를 물으면, 다 이치에 합당하게 답하였고, 예측하는 것들도 대부분 어긋나지 아니하였으므로 두 분이 늘 명철하고 사리가 밝음을 칭찬하였다.7) 이렇게 귀하게 자란 윤씨부인은 타고난 성품이 인자하고 용서함이 많았고, 단아하고 방정하며 준엄한 여장부의 풍도가 있었기에 자손을 어루만지고 비복을 부림에도 항상 은혜와 사랑으로 대하였다.

정혜옹주는 손녀가 김익겸에게 출가할 때에 경계하기를 "너의 시댁은 예법의 가문이니 부인의 법도에 어긋나 수치스런 일이 없게 하라."고 하였다. 이런 훈계를 충실히 지켰으므로 출가할 때의 나이가 14세 밖에 되지 않았지만, 시댁 가족들은 항상 칭찬을 아끼지 않았다.

윤씨부인은 난리가 안정되자 두 아들을 이끌고 친정에서 한편으로는 모친 홍부인을 도와 가사를 보살피고, 한편으로는 부친을 봉양하기를 옛 효자와 같이하고, 한가하면 문득 서책을 읽어서 스스로 즐기니 날로 학식과 조예가 더욱 깊어졌다. 이를 본 부친은 거의 아들이 없는 슬픔을 잊었고, 조부는 탄식하면서 "우리 손녀와 더불어 말하면 가슴이 활짝 열리는 것 같으니, 네가 만일 남자라면 어찌 우리 가문에 하나의 대제학이 아니리오." 하였다.

윤씨부인은 큰 아들 만기가 젖을 먹을 때부터 외워서 글을 가르쳐 주었는데, 만중은 총명하였기에 곁에서 형의 읽는 것을 듣고는, 그

대강의 뜻을 통했다. 7세와 8세에 이르러서는 문재가 이미 뛰어났기 때문에 사람들은 윤씨부인의 재주를 물려받아 그렇게 기특하다고 탄복하였다.8)

그때는 난리가 지난 지 얼마 되지 않은 때였기에 서적을 구하기가 참으로 어려웠다. 그런 중에도 윤씨부인은 『맹자』, 『중용』 같은 귀한 책들을 곡식으로 구입해 주었다. 마침 좌전을 팔고자 하는 자가 있자 만기가 사고 싶었지만 그 권수가 많아 값을 감히 묻지를 못했다. 그러자 윤씨부인이 곧 베틀에 있는 명주를 다 베어 그 값을 갚기까지 하였다.

또, 윤씨부인은 이웃에 거주하는 옥당 아전에게 부탁하여 홍문관의 사서와 시경언해를 빌려서 손수 등초하여 자식들에게 제공하기도 하였는데, 그 자획이 정교하고 섬세함이 구슬을 끼운 것과 같았고, 한 구절도 틀린 곳이 없었다. 글씨를 익힘에 있어서도 윤씨부인이 친히 자획을 가르쳤기 때문에, 만년에 손자들에게 말하기를, "네 아비가 글씨를 여자에게 배웠는데도 필법이 능히 저와 같다."고 하였다.9)

참판공 김반이 질병으로 고생할 때, 윤씨부인은 옆에서 돌볼 만한 자손이 없자, 홀로 직접 간호하면서 약물을 맛보아 밤을 새우면서도 비복에게 대신시키지 아니하였고, 이따금 시서와 이문을 설화하여 병으로 인한 고통을 덜어드리기도 하였다. 또, 참판공 김반을 모셔 앉았을 때, 시험하여 시사문제를 물으면 대답하는 바가 다 이치에 합당하였다. 그런데도 늘 깊이 침묵하여 조금도 바깥 말은 하지 아니하였다.

그때는 풍속에 장자와 중자를 구별하지 아니하고 돌려가면서 선대의 제사를 지냈기 때문에 이를 빙자하여 분재함에 차등을 주기도 하였지만, 윤씨부인은 그것은 올바른 풍속이 아니므로 제사를 돌려가며 하지 못하게 하였고, 분재를 할 때에도 종가에 후하게 하여 조상 봉사의 예를 갖추게 하였다.

윤씨부인은 남편이 없이 살림을 꾸려나가야 했기 때문에 만기가 벼슬길에 나아가기 이전에는 매우 가난하게 지냈다. 그래서 한번은 집의 집기를 팔아서 제사를 지내게 되었는데, 날은 춥지만 마땅히 땔 나무가 없었다. 그때 다만 족자 하나가 있어서 그것을 팔아서 비로소 불을 피우게 되었지만, 조금도 근심하는 빛을 드러내지 않았고, 다만 아들이 학업에만 열중하여 진취하는 것을 보고 기뻐하였다.

또 윤씨부인은 만기가 글공부를 할 때에 사촌이 방문하면, 공부를 쉬지 말라고 권하면서 자신이 음식을 대접함을 게으르게 하지 않았기에 아무도 집이 그렇게 가난한 사실을 느끼지 못하였다. 그 뿐만 아니라, 곡식과 베를 바꾸어 사고 팔 때에도, 그 값이 싸고 비싼 것을 문제 삼아 다투는 적이 한 번도 없었다.10)

윤씨부인은 두 아들에게 허물이 있으면 반드시 손수 매를 잡고 울면서 "너희 부친이 너의 형제를 나에게 부탁하고 세상을 떠났는데 너희들이 이같이 한다면 내가 무슨 면목으로 너의 부친을 지하에서 보겠는가? 학문을 하지 않고 살려면 당장 죽는 것만 같지 못하다."고 하면서 타일렀다.

윤씨부인은 두 아들을 학문으로 대성시키겠다는 큰 뜻을 세웠지만, 자식들에게 제대로 스승을 모시게 해 줄 경제적 형편이 되지 않았기에 자신이 8세의 만기와 3세의 만중에게 직접 글공부를 가르쳤다. 얼마 뒤에 어린 두 아들이 글공부의 기초를 터득하자 윤씨부인은 시부인 참판공 김반과 친정 부친에게 손자들의 스승을 맡아달라고 간곡히 부탁하여 승낙을 받아 자식들의 장래를 기대하였지만, 다음 해에 참판공 김반이 세상을 떠났고, 이어서 같은 달에 하늘같이 믿고 따르던 부친마저 세상을 떠났지만, 좌절하지 않고 다시 직접 두 아들의 스승 노릇을 하게 되었다. 그 후에는 다시 김만기를 중부 김익훈에게 경서와 역사를 배울 수 있게 적극 주선하였다.

　이렇게 학문의 기초를 닦았기에 김만기는 15세에 이미 경서를 두루 읽게 되었고, 시문도 성숙한 경지에 이르렀기에 주변 사람들은 대제학 재목으로 기대하였다.11) 이때에 김만중도 형을 따라서 시 짓기를 배워서12) 12세가 되었을 때는 이미 과거문장을 지을 수 있을 정도로 문장 실력이 늘었다.13)

　김만기가 광주부윤으로 부임할 때, 김만중은 전송하는 시로써 어릴 때 형과 함께 모친에게 글을 배우던 추억을 이렇게 썼다.

　　큰 아이는 낭랑하게 시와 예를 외우고
　　작은 아이는 글을 배우면서 젖을 떠나지 않았네.
　　좌측엔 죽을 가지고, 우측엔 매를 잡았네.
　　가르침으로써 사랑을 삼는 어머니 마음 마냥 괴로웠겠지.14)

　김만중이 14세에 이르러 첫 과거시험을 보는 날, 윤씨부인은 몸소 쌍상투를 매어주고, 시험장에까지 따라가서 종일 가마 속에서 눈물을 흘리며 기다렸는데, 김만중은 모친의 기대를 저버리지 않고 그 날 향시에서 합격을 하였다.

　한번은 당대의 대문장가인 택당 이식이 참판공을 만나보려고 집으로 찾아왔다. 이때 마침 만기가 맹자를 읽는 소리가 사랑방에까지 들려왔다. 이식은 만기의 글 읽는 소리를 듣고서는 크게 칭찬하기를 "이 아이가 글을 읽으매 능히 그 뜻을 이해하니, 후일에 반드시 문장에 능할 것이다." 하였다.

　한번은 김만기가 경기 고을의 원이 되었으나 녹봉은 적어서 봉양하기에 충분하지 않음을 염려하자 윤씨부인은 "다행히 국은을 입어 따뜻한 온돌방에서 배불리 먹는데 이것이 부족하다면 어디서 만족을 취하겠는가? 네가 맡은 직책에 마음을 다한다면 이 봉양보다 더한 봉양이 어디 있겠는가?" 하였다. 또, 손자 김진구가 감사가 되었을 때, 관할 내의 수령이 윤씨부인의 생일을 맞게 되자, 옛 규례에 따라서 폐백을 보내오자 주변사람들은 의리상 사양할 수 없다고 하였지만, 그녀는 끝내 거절하고 받지 않았다.

또, 김만기가 중년에 접어들자 분가시켜서 살림을 내주게 되었지만, 김만중은 매일 찾아와서 문안을 하는 효심을 드러내었다. 그리고 형제 간의 우의도 더욱 깊어지자 윤씨부인은 참으로 기뻐하였고, 간혹 유고가 있어서 못 오게 될 때면 내색은 하지 않으면서도 걱정을 심히 하였고, 다시 만나게 되면 기뻐하면서 밤늦도록 도의와 문사를 강론하였다.15)

김만기가 세상을 떠났을 때에는 윤씨부인의 나이가 이미 칠십을 넘은 노령이었기에 자식들이 차마 최복을 드리지 못하였다. 그러자 윤씨부인은 왜 상복을 만들지 아니 하느냐고 물었다. 자식들은 풍속에 부녀자들은 기년복에는 최복을 만들지 않기에 그렇게 하였다고 답했지만, 윤씨부인은 장자의 복을 어찌 다른 기년복에 비할 수 있느냐고 하면서 끝내 성복을 하였다.

윤씨부인은 먼저 죽은 아들 때문에 슬픔을 이기지 못하여 조석으로 애읍하였는데, 이를 본 손자가 건강이 염려스러워서 자기 집으로 모시려고 하였더니 울면서 "내 비록 늙고 병들어 제사에 참여하지 못하지만, 조석으로 곡성을 들으면 내가 참제함과 같은 생각이 드는데, 만약 너의 집에 간다면 어떻게 이 마음을 진정하겠는가? 또한 여러 손자를 보면 그 아비를 보는 것과 같은데, 만일 너희 집에 가면 저 손자들이 어떻게 나를 자주 와서 보겠는가?" 하면서 여러 번 간청해도 따르지 않았다.

윤씨부인은 평소에 기침병이 있어 추운 계절을 당하면 재발하였다. 게다가 아들의 상을 당한 후 근심과 슬픔으로 병이 더욱 심해졌는데도 오히려 손자와 증손에게는 훈계하기를 "가정의 환란이 있다고 위축되어 학업을 소홀히 하지는 말라."고 하였다. 그러면서 조석상에 조금만 색다른 반찬이 있으면 문득 기뻐하지 않으며 말하기를 "우리집 음식이 본래 이와 같지 않았다."고 하였다.
　윤씨부인은 세상을 떠나기 며칠 전에도 자부와 손부들을 경계하면서, 아들 만중과 세 손자가 유배지에 있는 것을 염려하였다.
　이러한 사실들을 종합해보면, 윤씨부인은 문자 그대로 여중군자요, 열장부와 같은 풍도와 의연한 자세를 지니고 살았던 여성이며, 강인한 자애가 넘치는 선비 같은 의지의 여인이기도 하였다.16) 이런 호평을 받을 조건을 구비한 윤씨부인은 타고난 품성에다가 어린 시절부터 받은 엄격한 교육, 그리고 서책을 박람하여 얻은 지식의 영향으로 곤궁에 처해도 민망하게 여기지 않았고, 영귀에 임해도 교만하지 않았으며, 참혹한 화를 만나도 인내하면서 운명에 흔들리지 않는 기개를 보여주었다. 이러한 윤씨부인의 격조 높은 삶은 두 아들이 조정에 나가서 충효를 실현하고, 손녀를 왕비로까지 만들어내는 원동력이 되었다.

4. 두 아들을 대제학으로 키운 장한 어머니

　윤씨부인은 남편이 충절을 지키려고 자결을 하여 세상을 떠난 이후에는 두 아들의 교육 문제를 생활의 가장 중심에 두고 살았다. 그것은 후세교육은 유가적인 면에서 뿐만 아니라, 가정에 있어서도 백년대계라 할 만큼 계속적인 흥왕과 번영을 위한 근본 문제에 속하기 때문이다.17) 이러한 교육의 중요성을, 그것도 조기 교육의 귀중함을 윤씨부인은 누구보다 잘 인지하고 있었기 때문에 명문가의 자식이 택해야 할 특별한 훈육 방식을 선택한 것이 두 자식과 손자를 대제학으로 키워낸 결정적인 원인으로 작용하였다.

이런 조선조 역사상 유일한 경우에 해당하는, 이런 대단한 결실을 얻은 데에는 윤씨부인이 어렸을 때부터 이미 총명과 문장으로 높이 평가받고 있었던 다음의 일화에서 그 원천을 발견할 수 있다.

> 윤씨부인은 난리가 안정되자 두 고아를 이끌고 친정 부모의 슬하에 의탁하여, 안으로 엄마 홍부인을 도와 가사를 보살피시고, 밖으로 부친인 윤지를 봉양하는 데 능히 뜻을 기르기를 옛 효자와 같이하시고, 한가하면 문득 서사를 펴 보아 스스로 즐기니 날로 조예가 깊어졌다. 이리하여 윤지는 거의 아들이 없는 슬픔을 잊었고, 조부 윤신지는 탄식하면서 말하기를 "우리 손녀와 더불어 말하면 가슴이 활짝 열리는 것 같으니, 네가 만일 남자라면 어찌 우리 가문에 하나의 대제학이 아니리오." 하였다.18)

이처럼, 남자라면 대제학 재목이라는 칭찬을 받았던 윤씨부인은 남성 중심의 유교사회에서 살아가는 자신이 이룰 수 없는 꿈을 자식을 통하여 성취시키고자 결심한 것으로 판단된다. 그런 결의가 결국 인자한 모친의 한 면과 더불어, 엄하면서도 해박한 지식을 갖춘 스승의 면을 통하여 자식을 키웠던 것이 아니겠는가?

> 전사 16국과 남북조의 선비라도 능히 그 시말을 제대로 알지 못하는데, 윤씨부인은 그 세손의 족파와 세대 햇수와 그 성쇠의 연유까지를 알고 틀리는 것이 적었는데, 이는 다만 섭렵한 본 것뿐이요, 다시 읽는 일은 없었다.19)

한번은 할머니(윤씨부인)의 외삼촌 홍지사가 할머니를 보러 오셨다가, 우연히 시골사람으로 나무 목 자를 성으로 가진 이에게 말이 미쳐서, 삼촌(홍지사)이 돌아가신 아버지(김만기)에게 묻기를, "여기에도 이 성을 가진 사람이 있느냐?" 아버지가 답하기를, "문선의 '해부'는 목현허의 지은 바인데, 이것 밖에는 보지 못하였습니다." 하니, 윤씨부인이 웃으며 말하기를, "원나라 태조의 공신에 목화녀가 있지만, 이것은 오랑캐 나라사람의 석 자로 된 이름이요 성이 아닙니다." 하니, 홍씨 삼촌이 감탄하여 말하기를, "이 세상에 독서하는 남자라 할지라도 목화녀가 있는 줄을 아는 사람이 드문데 하물며 능히 그 성이며, 이름임을 이렇게 분별하다니." 하였다.[20]

그리고, 윤씨부인은 평소에도 자신의 뜻을 충분히 이루어내고 있는 자식들이 지닌 총명과 학문적인 열의에 대한 강한 자부심을 가지고 있었음이 다음의 인용에서 확인된다.

윤씨부인은 항상 구양공 모친이 예절을 지켜서 아들을 가르친 일을 즐거이 말하면서, 또 소동파 형제가 빼어남을 감탄하면서 말하기를, "나도 두 아들이 있으니 그 아름다움이 그들 옛사람과 같기를 원한다." 하였다.[21]

이런 모친의 자식에 대한 믿음과 자부심, 엄한 지도와 편달, 그리고 치열한 노력의 조화는 두 아들의 과거길과 벼슬길이 남달리 큰 성과를 얻어내는 데 상승적인 힘으로 작용하였다.

두 아들이 성취한 벼슬길을 대강 살펴보면, 큰 아들 서석 김만기는 현종 말년인 1670년 6월에는 부제학, 9월에는 이조참의, 1671년 5월에는 예조참판, 10월에는 병조참판, 대사헌, 대사성, 1672년 3월에는 다시 부제학, 윤7월에는 좌윤 겸 양관대제학, 지경연사, 7월에는 호조참판, 12월에는 병조판서를 지냈다. 그리고 숙종 때에 들어가서도,

1674년에는 대제학으로 지내다가, 9월에는 문형, 경연, 춘추관 주사, 비변사, 진휼청, 선혜청 등의 직임을 겸하기도 하다가, 1675년 8월에는 총융사를 맡게 되었다.

한편, 작은 아들 서포 김만중도 1669년에 부제학을 지낸 다음, 1680년 5월에는 문형 후보에 올랐다. 그 후 홍문관 제학, 부제학으로 옮기면서 동지경연을, 그리고 1683년 4월에는 드디어 홍문관 대제학과 예문관 대제학, 지성균관을 겸하였다. 1686년 9월에는 다시 양관 대제학을 겸하였고, 1687년 1월에는 판의금부사, 5월에는 다시 예문관 제학을 겸하였다.

이렇게 두 아들을 대제학으로 키운 윤씨부인의 동력은 그녀가 가장 이상적인 모델을 두 아들의 부친 충정공 김익겸과 백부 창주공 김익희에 두고, 이 두 분의 삶과 학문의 방식을 접목시켜서 충효를 겸비한 인간으로 성장하는 것을 삼았기 때문이다. 그래서 윤씨부인은 먼저 두 자식을 자신이 스스로 가르쳐 행실과 학문의 기초를 닦는 길을 선택하면서, 엄마의 몫과 스승이라는 두 가지 역할의 균형을 잡으며 뒷받침하는 데 헌신적인 노력을 기울였던 것이다.

윤씨부인이 보여준 이러한 결의와 그 실천은 부군이 없으므로 그 책무를 자신이 대행한다는 의무감에서 나온 것도 있었지만, 스승이 될 만한 능력과 자질을 이미 갖추고 있었기 때문이었다. 게다가, 두 아들 스스로의 노력 못지않게, 옛 선현들의 가르침에 어긋남이 없도록 자식들을 가르친 윤씨부인을 위시한 주변 친인척과, 우암 송시열, 동춘당 송준길과 같은 당대 최고 학자들의 아낌없는 지원은 김만기, 김만중 두 형제가 나란히 대제학에까지 올라서 가문의 명예를 더욱 올림으로써 사계 선생 이후, 허주공 김반, 충정공 김익겸으로 이어지는 선대의 업적을 계승할 기반이 되었다고 할 수 있다.

참고문헌

김무조, 『서포소설연구』, 형설출판사, 1974.
김병국, 최재남, 정운채 공역, 『서포연보』, 서울대학교출판부, 1992.
김병국, 『구운몽』, 서울대학교출판부, 2008.
김진규, 『죽천집』, 연세대학교 도서관 소장.
송백헌, 「서포가문 행장문학 연구」, 어문학 4호, 한국어문학회, 1976.
송백헌, 『서포가문행장』, 형설출판사, 1977.
설성경, 『구운몽 연구』, 국학자료원, 1999.
안창수, 『구운몽 연구』, 영남대 박사학위논문, 1989.
유병환, 『고전소설 구운몽 연구』, 동국대 박사학위논문, 1989.
이금희, 「구운몽의 구조와 여성관계」, 『어문논집』 1, 숙명여대 한국어문학연구소, 1991.
이명구, 「서포와 정경부인윤씨행장」, 『김만중연구』, 새문사, 1983.
이원수, 「구운몽 현실과 꿈의 관계 및 그 중층적 의미」, 경남대어문논집, 1994.
이 재, 『삼관기』, 고려대학교 도서관 소장.
이재수, 『한국소설연구』, 선명문화사, 1973.
장효현, 「구운몽의 주제와 그 수용사에 관한 연구」, 『김만중문학연구』, 국학자료원, 1993.
정출헌, 「구운몽의 작품세계와 그 이념적 기반」, 『김만중문학연구』, 국학자료원, 1993.
홍인표(역주), 『서포만필』, 일지사, 1987.

〈특별기고〉
서포가문 여성 행장문학의 성격

송백헌
충남대학교 명예교수

1. 머리말
2. 서지書誌
3. 해제解題
4. 성격性格
5. 가치價値
6. 맺음말

1. 머리말

　조선시대 사대부 선비들이 쓴 한글문학이란 매우 적다. 한글을 언문諺文, 암글이라 천시하던 그 당시의 사회여건에서, 더구나 높은 관직에 올라섰던 특권 계급인 그들의 글 속에서, 한글 문학을 발견한다는 것은 매우 드문 일에 속한다. 이렇듯 드문 작품들 속에서 여기서 다루려는 「졍경부인히평윤씨힝장」, 「태부인행쟝습유록」, 「셔원부부인힝녹」, 「졍경부인한산니시힝녹」 등 일련의 서포가문西浦家門 행장문학行狀文學은 그 대부분이 일반에게 소개된 바 없는 작품들이다.
　그렇기 때문에 이들 작품들은 고전 한글작품이 많지 않은 우리학계를 위한 신자료의 공개라는 데에 관심을 끌 뿐만 아니라, 또한 다음에 열거하는 간과할 수 없는 몇 가지 조건들을 갖추고 있는 것이다.
　첫째, 제목에서 밝힌 바와 같이 이 작품들은 서포가문의 문학이라는 점에서 거리감 없이 독자들이 친숙할 수 있다는 점.
　둘째, 한 가문의 삼대三代에 걸친 총부冢婦1)들을 소재로 한 한 덩어리의 행장이라는 점.
　셋째, 모두가 작가를 분명히 알 수 있다는 점.
　넷째, 그리하여 그들 작자의 가계家系, 성품, 이력사항 등을 밝힐 수 있고,
　다섯째, 비교적 작품 수준이 높은 기록문학(논픽션)으로 시대 추세에 따라 독자들의 호감을 살 수 있는 점.
등을 들 수 있다.
　여기서 필자는 서포가문의 행장문학은 과연 어떠한 동기로 씌어졌으며, 또한 어떠한 성격을 지녔고, 그리고 그 문학적 가치는 어떠한 것인가를 살펴보려는 것이다. 따라서 이것을 탐구한다는 것은 곧 조선

사회에서 씌어진 한글 산문학散文學의 성격을 밝히는 데 있어서 매우 중요한 작업이 될 것이기 때문이다.

2. 서지書誌

「정경부인히평윤시힝장」이란 표제 하에 단권單卷 모필毛筆로 필사된 네 편의 행장문학이 바로 「서포가문 행장문학西浦家門 行狀文學」[2]이다. 따라서 이 「서포가문 행장문학」 네 편 가운데 「정경부인히평윤씨힝장貞敬夫人海平尹氏行狀」[3]을 제외한 나머지 세 편은 우리가 아는 한에서는 아직 학계에 소개된 일이 없는 새로운 자료이다. 그리고 이미 학계에 소개된 서포가 지은 「윤씨행장尹氏行狀」의 한문본이 「서포집西浦集」에 전하고 있는 점이나 나머지 세 편 「태부인행쟝습유록」, 「셔원부부인힝녹」, 「졍경부인한산니시힝녹」 등의 문체가 앞의 「졍경부인히평윤씨힝장」의 문체와 비슷한 점으로 보아 필시 그 원문은 한문으로 기록되어 있는 것으로 보아진다. 이렇게 볼 때 이들 한글 행장 문학은 역어체譯語體 행장문학일 것이 분명하며 그 번역자는 확실히 단정할 수는 없으나 그 원문의 작자가 아닌가도 짐작된다.

일찍이 필자가 광산김씨가문光山金氏家門과 연을 맺은 이래, 필경 그 문중에 전해옴직한 이러한 행장류를 탐색한 결과 위와 같은 표제가 붙은 필사본 한 책을 얻어서 그 후 수년간 보관하여 왔던 것이다. 그동안 이 같은 사실을 아는 학계 몇몇 친지들의 발표 권유에 못 이겨 먼저 그 책 속에 담겨있는 성격의 일단을 여기 밝히려는 것이다.

앞서 언급한 바와 같이 「정경부인히평윤씨힝장」이란 표제가 붙은 이 한글 산문집의 체재體裁를 우선 소개하면 다음과 같다. 즉 이 책은 가로, 세로가 17.5×22㎝의 한지韓紙 총 50장에 비교적 정자正字로 쓴 소형 남필사본男筆寫本이다. 그리고 매면每面 10~13행, 매행每行 17~22자로 불규칙하게 정리되어 있다. 또한 총 50장의 이 책 가운데 「윤씨행장尹氏行狀」이 14장 2행, 「태부인행장습유록太夫人行狀拾遺錄」이 13장 16행, 「서원부부인행록西原府夫人行錄」이 12장, 「한산이씨행록韓山李氏行錄」이 10장이다. 그러고 보면 총 네 편의 이 행장들은 한 편이 평균 10~13장으로 된, 길이가 거의 비슷비슷한 작품임을 알 수 있다.

무릇 조선 한글 가전문학家傳文學4)은 그 형태상으로 보아 다음과 같이 크게 세 유형類型으로 분류할 수 있다.

그 첫째가 개인의 사실을 기록한 장狀이다. 이 '장狀'은 어느 특정한 개인의 요약된 일대기를 객관적인 절대증거絶對證據를 가지고 서술한 것이다. 둘째는 한 가문의 일대기를 서술한 '전傳' 즉 전하는 것을 기록하는 가문문학인데, 여기에는 다소의 허구적 요소가 가미되어 있다. 셋째는 비교적 소설적 형태를 갖춘 '녹錄'을 말한다. 대개 이 '녹錄' 속에는 문중 간의 갈등, 가문 형제간의 갈등들을 그리고 있다. 따라서 이러한 카테고리(범주)에 들 수 있는 작품들로는 「유씨삼대록劉氏三代錄」, 「이씨삼대록李氏三代錄」, 「김이양문록金李兩門錄」, 「하진양문록河陳兩門錄」 그리고 「낙선재문고樂善齋文庫」의 대부분을 꼽을 수 있다.

이렇게 볼 때 이 네 편의 작품들은 그 첫째 유형에 속한다고 볼 수 있다. 그러므로 이 작품들은 개인의 언행을 과장과 허식이 없이 객관성을 가지고 사실적으로 서술한 것이다.

3. 해제解題

행장行狀이란 죽은 이의 살았을 때 행적行跡을 적은 글, 그러니까 전기傳記에 속하는 글을 일컫는 것이다. 이렇게 본다면 서포가문행장西浦家門行狀이란 서포 김만중의 가문 중에 죽은 이의 행적을 기록한 글이라는 뜻이 되겠다. 그런데 여기에 수록된 네 편은 서포가문 중에서 윤씨부인을 비롯한 삼대三代에 걸친 총부冢婦, 즉 맏며느리들의 행장이라는 데 그 특징이 있다.

이제 그들 행장의 내용을 요약하면 다음과 같다.

1) 정경부인해평윤씨행장

주지하는 바와 같이 이 「윤씨행장尹氏行狀」은 서포 김만중이 돌아가신 어머니의 언행을 기록한 역어체譯語體 추념문追念文이다.

윤씨부인은 인조 때의 명신 윤지尹墀의 무남독녀로 태어나 선조의 딸인 할머니 정혜옹주의 엄한 교훈과 바른 예절을 본받고 자란 총명하고 지혜로운 재원才媛이었다.

윤씨부인은 14세에 김익겸金益兼에게 시집와서 병자호란으로 1637년 남편이 강화도에서 절사節死하자, 청상과부로서 당시 다섯 살이 된 만기萬基와 유복자 만중萬重 형제를 나약한 여인의 몸으로 가난과 역경을 딛고 훌륭히 길러 대성大成시킨 장한 어머니인 것이다. 또한 그는 붓글씨는 물론, 소학小學, 사략史略, 당시唐詩 등을 자손들에게 직접 가르치는 학식과 부덕婦德과 예절을 겸비한 여중군자女中君子였다.

따라서 윤씨부인이야말로 한 가정에서는 도량이 넓고 법도와 규범에 어긋남이 없는 엄한 스승이요, 자애로운 어머니, 할머니요, 현숙한 인경왕후仁敬王后를 길러낸 도덕군자道德君子인 동시에 또한 당시의 사회에서 모든 부녀자들의 귀감이 되는 인물이었던 것이다.

이러한 윤씨부인의 장한 일생의 행적을 기록함에 있어서 서포는 「윤씨행장」에서 다음과 같이 언급하고 있다(이하 인용하는 글은 모두 현대어로 번역하였음).

> 이제 덕을 짓는 글에 감히 한 자를 문채文彩로 꾸미지 못하여 차라리 너무 간략함에 이르려함은 내가 우리 태부인의 평소의 뜻을 따르려 함이다.

이처럼 과장된 것을 꺼리고 꾸밈없는 현숙한 모습을 사실적으로 적은 것이다.

이미 조윤제 박사에 의해서 학계에 소개된 바 있는 이 행장은 서포의 어머니 윤씨부인이 73세로 세상을 떠난 이듬해인 1690년(숙종 16) 8월에 귀양살이 땅 남해南海에서 쓴 것이다.

유복자로 태어나 편모슬하에서 자란 서포, 아버지의 얼굴을 보지 못함을 종신토록 애통해 하고, 그 어머니를 극진히 받들던 하늘이 낸 효자인 서포가 어머니의 임종마저 보지 못했음을 가슴 아파하면서 유배지 남해에서 피눈물을 적셔 가면서 적은 행장이 바로 이 「윤씨행장」인 것이다.

이 「윤씨행장」은 원문이 한문으로 기록되어 「서포집西浦集」에 전하고 있다. 따라서 이미 학계에 소개된 언해본諺解本이 고종 연간의 필사본이라는 일반적인 견해인 데 비하여 필자가 소장한 이 행장본은 확실한 연대를 추정할 수는 없으나 기존 행장보다 난삽難澁한 어휘가 많고, 그 문장 표현상 예스런 어투가 많고, 문맥적인 차이를 많이 보여 그보다 약간 연대가 올라갈 것으로 보아진다.

2) 태부인행장습유록

이 「태부인행장습유록」은 죽천竹泉 김진규金鎭圭가 작은아버지인 서포가 지은 「윤씨(태부인)행장」의 언행 중에서 빠진 부분을 보유한 것이다.
이 점에 대하여 죽천은 그의 습유록 맨 끝부분에서 다음과 같이 기록하고 있다.

　　내 나이 이삼십 때부터 혹은 직접 본 일도 있고, 혹은 전하여 들은 것을 기록한 것도 있다. 아울러 모두 기록하되, 심히 적어 그 선후를 전차詮次하기가 어렵고, 또 행장의 체단體單과는 다르기 때문에 축조築造하여 따로 쓰고, 약약約約히 유類로 보아 보기 편하게 한다.

이처럼 이 「습유록」은 서포가 이미 행장을 짓고 미처 빠뜨린 것을 후에 기록하여 작자인 죽천에게 준 것과, 20~30세로부터 직접 보고 들은 것과 그리고 전해들은 것을 함께 모아 조항을 따라 기록한 것이다.
이 행록의 형식은 다음과 같이 구성되어 있다.

가. 이 습유록을 쓰는 동기.

나. 할머니 윤씨의 행장.
　　이 습유록의 중심 부분인 이곳에서는 윤씨부인의 덕행을 다음 조항으로 서술하고 있다.
　　① 우귀于歸5)할 때 어진 부인이라는 칭찬을 들음.

② 효성이 지극함.
③ 참판공參判公의 병시중을 극진히 함.
④ 사리에 밝고, 언행에 범절範節이 있음.
⑤ 재산을 나누어 줌에 있어 종가宗家에 후히 함.
⑥ 박식博識함.
⑦ 아들에게 친히 글씨를 가르침.
⑧ 구양공歐陽公의 어머니와 동파東坡 형제를 본받고자 함.
⑨ 남편을 따라 죽지 않은 것은 자녀를 기르기 위함.
⑩ 가난을 돌보지 않고 자녀 교육에 전심하며 또 엄히 함.
⑪ 사람들과 물건 값을 다투지 아니함.
⑫ 재물에 탐하지 않고 오직 문학(학문을 뜻함)에 힘쓰도록 교훈함.
⑬ 손자들의 교육에 힘씀.
⑭ 김만중이 병조판서 벼슬을 한 것을 즐겨하지 않음.
⑮ 맑고 검소함.
⑯ 손자, 손녀들에게 여색女色과 투기妬忌를 경계하고 '반소班昭의 여계女誡'로써 가르침.
⑰ 늙도록 침선針線을 손수 함.
⑱ 정력과 총명이 뛰어남.
⑲ 성품이 인자함.
⑳ 천성이 심히 검박儉朴함.
㉑ 절행節行이 뛰어남.
㉒ 천품이 높고 맑아 자신의 죽음을 예언함.
㉓ 예례禮에 엄하여 맏아들의 집에서 운명함.

다. 이상 견문한 바를 보기에 편리하도록 조항을 따라 기록하였다는 내용의 끝 부분 등으로 되어 있다.

3) 서원부부인행록

이 「서원부부인행록」은 죽천의 아들인 건암健菴 김양택金陽澤이 광성부원군光城府院君 문충공文忠公 김만기金萬基의 아내인 그의 할머니 서원부부인西原府夫人 청주한씨淸州韓氏의 만년晩年의 언행을 기록한 것이다.

위로 시어머니 윤씨부인을 받들고 슬하에 진구鎭龜, 진규鎭圭, 인경왕후仁敬王后 등 자랑스러운 7남매를 길러내고 90향수享壽를 한 한씨부인의 부덕을 기리고, 그의 행실을 길이 전하고자 함이 이 행장의 목적이다.

총 33조항에 걸쳐 언급된 이 행록을 손자인 건암 자신이 쓰게 된 연유를 행록의 끝부분에 다음과 같이 기록하여 놓았다.

> 부덕과 언행으로 후세에 전함직한 일이 한 권의 전傳으로 남길 만하지만, 불행하여 돌아가신 아버지와 형제들이 다 일찍 세상을 떠나서 미처 써서 기록하지 못하시고, 백종형伯從兄 북헌공北軒公까지도 갑자기 이어 하세下世하시고, 같은 집안 모든 형들이 수십 년간 상변喪變과 사화士禍에 영락零落하여 다 없어졌다. 옛 일을 기록하여 알 사람이 없더니…….

이처럼 아버지 형제와 북헌北軒을 비롯한 집안 모든 형들이 다 하세下世하였고, 또한 건암 자신도 이미 백수白首가 되어 있어 장차 이 덕행이 사라져 없어지겠기에 평소에 보며, 들은 바를 모아 이 행록을 만든 것이다.

따라서 초년의 사적은 알 수 없어 다만 말년의 드러난 일만을 조항을 나누어 기술한 것이다.

4) 정경부인한산이씨행록

이 「정경부인행록」은 세상에 잘 알려진 국문학자 북헌北軒 김춘택金春澤이 어머니의 부덕婦德을 기리는 글이다.

남달리 번족한 서포가문에 맏며느리로 시집와서 위로 시조모媤祖母, 양대兩代를 받들며 집안을 더욱 흥왕하게 한 자랑스러운 스토리의 주인공, 한산이씨는 한 가문의 흥망성쇠는 그 집안의 부녀에 달렸다는 소학小學의 교훈을 성공적으로 실천한 훌륭한 인물인 것이다.

그는 사헌부 지평 광직光稷을 아버지로, 의정부 좌참찬 홍연弘淵을 조부로 모신 가통家統이 있는 집안에서 태어나 부모가 일찍 돌아가신 탓으로 조부모의 사랑 속에 부도婦道를 닦은 지극한 성품과 순박淳朴한 행실의 소유자인 것이다. 그리하여 여덟 아들 팔택八澤과 세 딸 도합 11자녀를 몸소 길러낸 장한 어머니 한산이씨는 그러기에 공덕과 부덕이 후손에게 귀감이 되었던 것이다.

이 행장의 형식은 서두, 본문, 결미 등 세 부분으로 나눌 수 있다.

가. 서두

이 부분은 한산이씨의 가계 소개와 출생, 그리고 한산이씨가 광산김씨 가문에 시집가게 된 내력 등이 상세히 기술되어 있다.

나. 본문

한산이씨의 성행性行에 대하여 기록한 부분이다. 지평공의 무남독녀로 태어나 민첩한 재주와 탁월한 부덕을 지닌 한산이씨가 시집와서의 부덕 있는 모든 행실을 소상하게 기록하고 있다.

다. 결미

작자 북헌의 한산이씨에 대한 추앙과 8남 3녀 등 후손들의 번창함을 소개한 부분이다.

이 글의 결미 부분에서 작자 북헌은 다음과 같은 기록을 남기고 있다.

> 이제 모부인의 뛰어난 행적을 붓을 눈물로 적셔 평소의 말씀과 행실 한두 가지를 삼가 기록하여 뒷사람에게 보이니, 넉넉히 써 믿지 못하려니와 불초가 차마 허튼 소리 한마디 말을 해서 어버이에게 아첨하는 죄를 무겁게 아니한 즉 훗날 군자는 헤아려 주기 바란다.

라고 하였다.

이것으로 보아 객관적인 사실을 사실적인 터치로 기록하였음을 알 수 있다.

이것으로 볼 때 서포가문행장에 수록된 작품의 수는 네 편이나 대상인물은 해평윤씨, 맏며느리 청주한씨, 맏손부 한산이씨, 3대에 걸친 세 사람인 것이다.

그러면 여기서 이 일련의 행장문학의 작자, 그들의 가계를 잠시 살펴본다면 광산김씨 서포가문이야말로 실로 장안갑족長安甲族 양반관료 집안이요, 또한 대문학자의 집안이었다.

「윤씨행장」의 작자 서포 김만중의 경우, 병자호란 이듬해인 정축년에 강화도에서 순절한 충정공 익겸이 그의 아버지요, 동방의 거유巨儒 사계沙溪 김장생金長生이 그의 증조할아버지가 된다. 그리고 또한 그는 광성부원군 만기의 아우요, 숙종비인 인경왕후의 숙부다.

그는 인조 15년(정축)에 출생하여 숭정대부 예조판서 겸 양관대제학 兩館大提學을 지낸 숙종 때의 명재상으로서 어머님에 대한 효성이 남달리 지극한 하늘이 낸 효자로서 그가 죽은 뒤 시호를 문효공文孝公이라 받은 인물이었다. 그가 남해의 귀양 땅에서 어머니가 병에 누웠다는 소식을 듣고 하룻밤에 『구운몽九雲夢』을 지어 보내어 병을 위로했다 (五洲衍文長箋散藁)는 이야기는 너무나 유명하다.

그리고 「습유록」의 작자 죽천竹泉 진규鎭圭는 광성부원군 만기의 둘째 아들이요, 서포의 조카요, 그리고 인경왕후의 오빠인 것이다.

그는 효종 9년(무술)에 출생하여 숙종 때 문과文科에 장원급제를 한 뒤 삼사설서三司說書·대사성·이조참의·양관대제학·정헌대부·예조판서 등 화려한 관직생활을 두루 거쳤고, 그가 59세로 죽은 뒤에는 의정부 영의정이 추증되고 문청공文淸公의 시호가 내려진 인물이다. 공직公職 중에는 여러 차례에 걸쳐 거제 덕산 등지의 유배생활에서도 끝내 자기의 지조와 소신所信을 굽힐 줄 모르는 강직한 성격의 소유자였지만, 그러나 가정에 들어와서는 부모에 대한 효성이 남달리 지극했던 인물이었다. 그가 그러한 인물이 되기까지에는 할머니 윤씨부인의 덕행이 크게 미쳤음을 우리는 쉽게 짐작할 수 있는 것이다.

한편 이 행장의 주인공인 해평윤씨 또한 당대의 명문거족이었다.

그의 아버지는 이조참판 지犀요, 할아버지는 정혜옹주의 부마 해숭위海崇尉 신지新之요, 그리고 증조할아버지는 의정부 영의정 문익공 방昉이다.

이렇듯 그는 혁혁한 전통가문傳統家門에서 태어나 본래부터 타고난 재주의 바탕 위에 할머니 정혜옹주의 슬하에서 법도에 어긋남이 없는 엄한 부도婦道를 닦았고, 서포가문으로 시집을 온 뒤에는 더더욱 부덕婦德, 부언婦言, 부용婦容, 부공婦功을 두루 갖춘 사람이었다. 따라서 그의 인품은 앞서 언급한 바와 같이 후대 뭇 여성들의 귀감龜鑑이 되었던 것이다.

이처럼 부도婦道에 어긋남이 없는 훌륭한 윤씨부인이었기에 서포는 아들로서 어머니에 대한 행장을 쓰고, 죽천은 손자로서 할머니에 대한 언행을 습유拾遺한 것이다.

「서원부부인행록」의 작자 김양택은 김만기의 손자요, 김진규의 둘째 아들이다.

그는 숙종 38년(임진)에 출생하여 영조 19년 문과에 장원급제하고 이어서 대사성·이조참의·양관대제학을 거쳐 병조·이조의 양판서兩判書·의정부 영의정 등을 두루 지낸 대문학자인 동시에 정치가였다.

그리고 「정경부인한산이씨행록」의 작자 북헌北軒 춘택春澤은 김만기의 맏손자이자 국문학자로서 널리 알려진 인물이다. 숙종 때 인현왕후를 폐하고 남인이 세력을 잡자, 화가 그의 집에 가장 심하게 미쳐 다섯 차례에 걸쳐 30년 동안이나 감옥, 유배생활을 치른 사람이다. 또한 그는 문장에도 뛰어나서 「사씨남정기」 등을 한역하기도 하였다.

그러면 서포가문에서 씌어진 행장문학의 집필 동기는 과연 무엇인가? 먼저 「해평윤씨행장」의 끝부분을 보면 다음과 같이 언급되어 있다.

> 우리 태부인의 아름다운 말씀과 착한 행실이 점점 분별하기 어려운 곳으로 나아가 그 법도가 후손들에게 미치지 못할까 염려하여 이에 감히 섧기를 억제하고 아픔을 참아 손으로 언행 한 벌을 기록하여 나누어 두어 종이에 써서 조카를 주되 내 성품이 본래 어둡고 막혀 뜻과 행실을 잘 알아보지 못하고 더욱 정신이 소망銷亡하여 하나를 기록하고 열을 빠뜨리니 불초의 죄 이에 이르러 더욱 크다. (방점은 필자)

「태부인행장습유록」의 서두 부분에는 다음과 같이 기록되어 있다.

할머니께서 끼쳐 주신 덕의 아름다움이 규방에서 생활하는 여인네들 중에서 더할 나위 없이 뛰어나셨으니, 비록 세밀한 일일지라도 오히려 자손들에게 넉넉하게 법으로 드리우려니와 만일 기록함이 없으면, 어리석어서 사람 노릇을 하는 길을 알지 못하는 사람들을 장차 어떻게 꾸짖고 격려하여 주겠는가? 할머니의 덕행을 주워 모아서 따로 기록하는 것은 비석에 새기지 않고 집에 감추어 두고 장차 자손으로 하여금 보고 외우게 하고자 함이다. 그 선대 어른들이 지키시던 법을 본받은 뒤에야 거의 사람답게 사는 길을 닦을 수 있을 것이다. (방점은 필자)

그리고 「서원부부인행록」 결미 부분에도

부덕과 언행으로 후세에 전함직한 일이 한 권의 전傳으로 남길 만하지만, 불행하여 돌아가신 아버지와 형제들이 다 일찍 세상을 떠나서 미처 써서 기록하지 못하시고, 백종형伯從兄 북헌공北軒公까지도 갑자기 이어 하세하시고, 같은 집안 모든 형들이 수십 년간 상변喪變과 사화士禍에 영락零落하여 다 없어졌소. 옛 일을 기록하여 알 사람이 없더니, 지난해에 진암晉庵 이상국李相國이 나에게 말하기를 "우리 외할머니의 덕행이 과연 여중군자女中君子라서 여인들의 사기史記에 올려 뒷사람들에게 규범規範으로 남겨줌직 하지만 나이가 들어 장성한 사람은 다 없어졌는지라, 대를 잇는 이에 대한 책망이 나와 그대에게 있으니, 어찌 사실을 기록할 도리를 꾀하지 않겠는가?" (방점은 필자)

라 기록되어 있으며 또 「정경부인한산이씨행록」 끝부분에도 다음과 같은 기록이 발견된다.

우리 어머니 같으신 지극하신 성품과 순박하신 행실은 실로 옛날의 사녀士女라도 부끄러움이 없는 즉 어찌 그 자식이 불초하므로 한을 품을 것이 없겠는가? 오직 위태로운 목숨이 두려워 거동함이 비록 바른 길을 본받아 실천하지 못할까 하여 붓을 눈물로 적셔 평소의 말씀과 행실 한두 가지를 삼가 기록하여 뒷사람에게 보이니, 넉넉히 믿지 못하려니와 불초가 차마 허튼 소리 한 마디 말을 해서 어버이에게 아첨하는 죄를 무겁게 아니한 즉 훗날 군자君子는 헤아려 주기 바란다. (방점은 필자)

이 같은 사실의 기록으로 보아 서포가문 행장문학의 집필 동기는 첫째, 어머니, 할머니 등 조상 부녀자의 아름다운 말씀과 어진 행실을 추념하고, 둘째, 뒷자손[後子孫], 특히 부녀자들에게 어머니, 할머니의 덕행을 본받도록 하기 위한 것임을 알 수 있다.

이처럼 이들 행장문학은 주로 가문에 읽히고, 특히 부녀자들에게 읽히는 것을 주된 동기로 삼은 것이다.

그러나 이상에서 언급한 동기 이외에 우리는 이 기록의 뒷장에 숨겨진 다음과 같은 몇 가지 사실을 간과할 수 없을 것이다. 즉 이처럼 훌륭한 가통家統과 부도婦道가 바른 인물을 소개함으로써 첫째, 훌륭한 가문 속에서 자라나는 후손들에게 긍지를 심어 주고, 둘째, 또한 혁혁한 가문전통의 계승을 위한 교육적 효과를 노리려는 것이었다.

그리고 이밖에 횡적의식橫的意識보다는 종적縱的인 전통성을 숭상하는 우리 민족의 의식구조, 다시 말하면 상고적尚古的인 취향성과 '시詩' '장狀' '전傳'을 최고의 기록으로 인정하는 당시의 사회적 요청에서도 그 집필 동기를 찾을 수 있을 것이다.

4. 성격性格

이러한 서포가문의 행장문학은 앞서 언급한 바와 같이 픽션이 아니라, 가문에 대한 자랑스러운 기록이고, 어머니, 할머니의 높은 부덕婦

德에 대한 찬양, 다시 말하면 여성 찬양의 문학이고, 또한 그러한 훌륭한 어머니, 할머니에 대한 불초한 자식, 손자로서의 회한을 뼈아프게 기록한 추도문적 성격을 띠고 있는 것이다. 따라서 이것은 역사적 사건이나 사회적 배경의 표현이 아니라 그 소재가 가문중심으로 제한되어 있는 특히 광산김씨 가문 삼대에 걸친 총부들의 자랑스러운 인간상을 재현한 것으로 나타나 있다.

이처럼 서포가문 행장문학은 논픽션 문학이므로 여기서는 새로운 인간상을 창조, 추구하려는 모습들은 발견할 수 없지만, 그러나 구구절절 허식과 과장이 없이 표현한 이 작품 속에 등장하는 인물을 통하여 자애롭고, 현숙하고, 교육에 엄하고, 법도가 바른 전형적인 한국의 여인상을 만날 수 있는 것이다.

이들 행장문학이 지닌 일반적 형식은 서두에 가문 소개가 나오고, 다음에 그 주인공의 부덕찬양婦德讚揚, 그리고 마지막에 그처럼 훌륭한 어머니, 할머니에 대한 불초한 자식, 손자의 회한의 기록 등으로 되어 있으나 부덕찬양 내용의 서술은 일정한 편차가 없이 견문見聞한 바를 생각나는 대로 적어 놓은 것이다.

이제 이 네 편의 행장 속에 나타나는 내용상의 특징을 열거하면 다음과 같다.

첫째, 이 행장 속에 인경왕후에 대한 구체적인 내용은 언급된 바 없으나 그 인경왕후로 하여 궁중에 내왕하던 이야기가 군데군데 나타나는 것으로 미루어 보아 서포가문의 범절範節이 뛰어남을 증명하는 초점焦點으로 예시된 것임을 알 수 있다.

둘째, 작품 주인공을 추모追慕, 찬양하는 내용 중 가장 비중을 크게 차지하는 사항은 '자녀교육', '청빈검박淸貧儉朴'이므로 이 작품 속에서는 이 부분을 특히 되풀이하여 기술하고 있다.

셋째, 이 작품의 내용은 「소학小學」・「열녀列女」・「여교女敎」・「명감明鑑」 등에 보이는 부녀자 교훈조목敎訓條目에 완전히 부합되는 것으로 이는 가장 이상적인 여인상의 실례를 여기에 맞추어 나타내 보이고자 하는 작자들의 의식이 작용된 것으로 보아진다.

그러면 이제 이 네 편의 내용을 종합하여 그것을 몇 개의 항으로 나누어 검토하여 보자.

1) 가계家系

「해평윤씨행장」과 「한산이씨행록」의 서두에 각각 윤씨부인, 이씨부인의 가계가 서술되어 있다. 이는 가문을 중시하는 당시의 사회의식에서 비롯된 것으로 비단 이 작품에서 뿐만 아니라, 전기체의 고대소설이나 규방가사閨房歌詞의 계녀가류誡女歌類에서도 흔히 볼 수 있는 서술 양식이다. 결국 그것은 그 가문의 혁혁함을 드러내는 동시에 주인공의 성공적 역할에 대한 당위성을 강조하려는 의도에서 나온 것으로 보겠다. 이제 그 윤씨부인과 이씨부인의 가계를 소개한 내용을 보자.

> 태부인의 성은 윤씨이니 본관은 선산善山 해평海平이다. 고조할아버지는 영의정 해원부원군海原府院君으로 문정文靖의 시호를 받은 윤두수尹斗壽이시고, 증조할아버지는 영의정을 지내고 문익文翼의 시호를 받은 공덕이 있는 어진 선비 윤방尹昉이시며, 할아버지는 선조의 따님 정혜옹주貞惠翁主에게 장가를 든 부마駙馬 해숭위海崇尉 윤신지尹新之로 문장이 세상에 이름이 난 문목공文穆公이시고, 아버지는 인조 때 이조참판을 지낸 윤지尹墀이시며 어머니는 정경부인 남양홍씨로 경기감사 홍명원洪命元의 따님이다. (「해평윤씨행장」)

> 우리 어머니의 성은 이씨요, 본관은 충청도 한산이니, 목은선생牧隱先生의 후손이다. 증조할아버지는 휘 덕수德洙이시니 이조참의이고, 별호는 이유당怡愉堂이고, 할아버지는 휘 홍연弘淵이시니 의정부 좌참찬이고, 할머니는 정부인 김씨며, 아버지는 휘 광직光稷이시니 사헌부 지평이고, 어머니는 공인 안동김씨니, 청음淸陰 문정공文正公 김상헌金尙憲의 손녀이며 동지중추부사 휘 김광찬金光燦의 딸이다. (「한산이씨행록」)

이같이 그 선조先祖들은 거의 고관현작高官顯爵을 지냈고 또 학문이 뛰어나고, 어질고 공덕 있는 사람으로 이름나 있다고 하였다.

이 가계 이야기는 또 계속해서 주인공이 김씨가문에 시집을 오면서부터 그 뛰어난 자질에 모두가 칭송을 아끼지 않았다고 하였는데 이는 당연한 이야기가 아닐 수 없다. 그리고 그들로부터 태어난 후손들의 번영함을 기회 있을 때마다 언급하여 은근히 자랑하고 있다.

> 태부인이 이남을 기르셨는데 맏아들 선형先兄 만기萬基로 영돈녕부사領敦寧府事 광성부원군光城府院君이니 일찍 병조판서 겸 대제학을 지냈다. 선형이 높고 현달한 차례로 벼슬을 하되 태부인이 일찍 기쁜 낯을 보이지 않으시더니 대제학에 오르니 '내 한낱 부인으로 너의 형제를 가르치면서 항상 생활이 고루하여 들음(앎)이 없이 선인先人께 수치스럽고 욕이 될까 두려워하였더니 이제 그것을 면하게 되었구나!'라고 하셨다. 그 아우는 만중萬重이다. (「해평윤씨행장」)

이것은 어머니 윤씨부인의 훈육을 받아 현달한 형제 자신들의 이야기를 하고 있는 부분인데 은근한 가운데 성공한 자로서의 긍지를 읽을 수 있다.

2) 성품性品

'한 집안의 여자는 곧 그 집안의 흥망성쇠의 열쇠가 된다.'고 예로부터 전해왔거니와, 사마온공司馬溫公도 일찍이

> 무릇 혼인을 의논함에 있어서는 마땅히 먼저 그 사위 될 사람과 며느리 될 사람의 성행性行을 살펴야 한다. 며느리에게 가문의 성쇠가 달려있기 때문이다[凡議婚姻 當先察其婿與婦之性行 …… 婦者家之所由盛衰也 (《小學 外篇 嘉言》)].

라고 말하지 않았던가?

이처럼 한 부인의 성품과 행실이 어떠한가는 곧 그 집안을 흥하게도 쇠하게도 하는 가장 중대한 문제로 보았던 것이다.

그러면 서포가문 여인들의 성품은 과연 어떠한가?

> 그 화禍와 액운厄運과 곤궁함을 당하더라도 서러워하지 않으시고, 존귀하고 영광스러운 일이 있어도 교만하지 않으심은 물론 특수한 화를 만나 사람이 견디지 못할 지경에 이르러도 의義와 명命에 평안하며 결코 흔들리거나 몸을 상하지 않음은 오직 천품이 남다를 뿐 아니라 널리 보고 옛날의 일을 상고詳考하는 것은 진정 거짓이 아니었다. 그럼으로써 친척과 이웃이 태부인 보기를 엄한 스승같이 하여 법을 삼았으니, 그 말을 하며 일을 처리하는 것이 모두 의리에 합당하였기 때문이다. 능히 후비后妃의 덕화德化를 보태고 빛나게 나라의 기리심을 입으니 이것이 더욱 지금의 규중에 드물게 듣는 바이며, 옛날부터 일컬어온 여자의 선비행실이란 말이 우리 태부인을 두고 말할 때 부끄러움이 없다. (「해평윤씨행장」)

이처럼 그 부덕婦德이 뛰어나 한마디로 말해서 가히 여중군자女中君子의 풍도와 덕성을 지녔다고 하였다.

또한 그 성품은 인자하고 매우 측은지심이 많아

> 태부인이 인자하시고 관대히 보시는 일이 많아 자손을 어루만지고 비복婢僕을 부림에도 항상 은혜로운 사랑이 지나치시되 준결峻潔하여 해맑은 절의를 지키는 열장부烈丈夫의 풍風이 계셨다. (「해평윤씨행장」)

> 할머니께서 성정性情이 관후寬厚하시고, 순화順和하셔서 비록 남녀 종들과 같은 비천한 것이라도 부리어 거느리심이 반드시 은덕으로 하시되……. (「서원부부인행록」)

> 자애하심이 특이하여 몸소 낳으신 모든 어린 것들과 남녀종들이 춥고 굶주리면 자신의 일처럼 하시고, 또 남이라도 구걸을 하는 사람이 있으면, 반드시 그가 바라는 마음에 차게 주시고, 형세가 미치지 못하면 그것이 병이 되어 앓으셨다.
> 이미 벼슬자리가 높고 연세가 많으시지만, 집안일의 수고를 몸소 하여 모든 부녀들과 여자 종들이 대신 하게 않으시고, 여자 종들이 죄가 있으면, 먼저 경계하시고, 뒤에 꾸짖고 매질을 하지 않으셨다. (「한산이씨행록」)

라고 한 바와 같이 그 인자하심이 이렇듯 하고 비복婢僕과 심지어 걸인에게까지 은애恩愛를 심히 베풀었던 것이다.

또한

> 할머니께서 성정이 인자하셔서 일찍 닭의 새끼를 보시고 불쌍히 여겨 종신토록 닭을 잡숫지 않으시고, 비록 꽃나무 같은 미물이라도 봄이 와서 피어나면 아이들이 꺾는 것을 금하셨다. (「태부인행장습유록」)

와 같이 초목금수草木禽獸에까지도 측은지심을 발하였던 것이다.
 그런가 하면 또한 그 총명이 보통사람을 넘어서서

> 할머니께서 여러 번 상척喪慽을 당하셨기 때문에 아픔이 쌓여 병환이 많으시지만, 정력이 남다르시고, 총명이 늙도록 조금도 모손耗損하심이 없고 안채眼彩의 밝으심이 소년 같아서 등불 밑에서 가는 글자를 보시고, 어렸을 때 배우신 구두句讀를 모두 기억하셨다. (「태부인행장습유록」)

라고 한 것처럼 많은 간고艱苦와 거듭된 병환을 겪고서도 노후에까지 어렸을 때 배운 글귀를 다 기억하고 정력과 총명이 절인絶人하여 안채眼彩가 오히려 밝아 등불 아래에서 잔글씨를 보았다고 하였다.
 또 그 성품이 글을 좋아하여

> 성품이 글을 좋아하셔서 늙으셨으되 폐하지 아니하시고 역대의 치란治亂과 명인名人의 언행言行 보기를 즐겨하시고……. (「해평윤씨행장」)

라 하였고

> 한가한 시간이면 시서詩書를 탐독하였다. 이에 참판공은 거의 아들이 없는 근심을 잊었고, 네 외증조할아버지 문목공文穆公은 "항상 내 손녀와 대화를 하면 가슴 속이 확 트임을 느끼니, 만일 이 아이가 남자였더라면 우리 집에 대제학이 아니겠는가?" 하며 한탄하였다. (「해평윤씨행장」)

라 하였으니 그 학문을 좋아함이 만일 남자였다면 가문에 한 대제학大提學이 되었을 것이라고까지 하였다.
 이처럼 여자로서 범서여인凡庶女人과는 달리 여중군자女中君子의 풍도風度에 재주가 절인絶人하고 호학好學의 풍風을 겸하였으니 이는 인력人力으로써 될 바가 아니요, 그 자질資質은 천부天賦의 것이라고 말할 수 있다. 이러한 여인이 출가出嫁하면 그 가문으로서는 더없는 복福이요, 또 흥왕興旺하지 않을 수 없을 것이다. 그리하여 마침내

> 윤부인은 탁월하신 앎과 높은 행실이 계셔 본래 사람 알기를 잘 하시는지라, 부인이 폐백을 어루만져 말씀하시기를 "김씨를 크게 할 사람은 이 며느리다. 내 미망인으로서 자식을 기르고 손자를 희롱하더니, 이제 장손부의 어질기가 이렇듯 하니 내게 무슨 근심이 있겠는가?" 하시고 매우 사랑하시어 전토田土와 노비를 따로 주셨다. (중략) 곤위를 정하실 때에는 자주 들어가 조알朝謁하실 때 전후의 장렬莊烈・인선仁宣・명성明聖 세 성모聖母께 뵙기를 여러 번 하셨지만, 부인은 근의勤儀하시고, 주선하시기에 민첩하시니, 궁중이 모두 칭찬하고 왕후께서도 더욱 공경하였다. (「한산이씨행록」)

> 인경왕후가 어린 시절 태부인에게 교육을 받고 자랐는데 태부인은 바름[正]으로 가르치셨다. 왕후가 나이 겨우 11세에 세자빈으로 뽑히셨지만, 일을 주선함과 사람을 응대함이 성인과 같으시니 궁중 사람들이 모두 기쁘게 열복하였다. 이후 선형이 항상 사문私門에 넘치도록 가득함을 염려하여 "우리 집이 이렇게 (넘치도록 가득하게) 된 것은 오직 우리 어머니의 공이다." (「해평윤씨행장」)

라 한 것처럼 궁중宮中이 열복悅服하는 왕후(인경왕후)를 배출시켜 집안을 생광生光케 한 것은 바로 이들 김씨가문 여인들의 부덕의 소치所致인 것이다. 이처럼 서포가문행장에 나타난 주인공들의 성품과 자질은 천부적일 만큼 절인絶人한 것이었다.

3) 자녀교육子女敎育

후세 교육은 고금을 막론하고 국가적인 면에서 뿐만 아니라 한 가문에 있어서도 가히 백년대계라 하리만큼 계속적인 흥왕興旺과 번영을 위한 근본 문제라 할 것이다. 그 중에서도 가정교육이 더욱 기본적이라 할 수 있다. 서포가문의 가정교육은 앞서 말한 바와 같이 뛰어난 자질을 갖춘 여인들에 의하여 매우 열성적이고 또 엄하게 이루어졌음을 말하고 있다.

> 할머니께서 평소에 구양공歐陽公의 어머니가 절節을 지켜 아들을 가르친 일을 즐겨 일컬으시고, 또 소동파蘇東坡 형제의 어짊을 칭찬하여 "나도 또 두 아들이 있으니, 그 아름다움이 옛 사람과 같기를 바란다."라고 하였다. (「태부인행장습유록」)

이와 같이 윤씨부인은 자신이 구양공歐陽公의 어머니와 소동파蘇東坡의 어머니를 귀감으로 삼아 빈곤을 돌보지 않고 다음과 같이 자녀교육에 지성을 다하였다.

> 불초 우리 형제 어려서 바깥 스승이 없어 「소학」・「사략」・「당시」 등을 태부인이 직접 가르치니 자애가 비록 지나치시나 "재주와 학식이 남들보다 한 층 더해야 겨우 남과 어깨를 겨눌 수 있다." 하시고 "행실이 없는 사람을 꾸짖으며 과부의 자식이라 말하나니, 이 말을 너희는 모름지기 뼈에 새기고 살아야 한다." 불초 우리 형제 잘못이 있으면 반드시 몸소 매를 잡고 우시며 "너의 부친이 너희 형제를 나에게 의탁했거늘 너희들이 이제 이렇듯 하니 내 지하에 가서 무슨 낯으로 너의 부친을 뵈랴? 학문을 않고 산다는 것은 죽음만도 못하다." (중략) 「맹자」・「중용」 같은 모든 책을 태부인이 곡식을 주고 바꾸었으며, 마침 「좌전」을

팔려고 하는 사람이 있었는데 형이 사고 싶어 했지만, 권수가 많아서 값을 감히 묻지 못하고 망설이니, 태부인이 베틀 가운데 명주를 베어 그 값을 갚으니 이 밖에는 집안에 저축한 돈이 없었다. 또 사람을 통하여 옥당玉堂에서 「사서四書」와 「시전언해」를 빌려다가 손수 베끼시니 자획이 정제하여 구슬을 꿴 듯하고 한 구절도 구차함이 없었다. (「해평윤씨행장」)

물론 부군夫君이 없으므로 그 책무를 자신이 대행한다는 의무감에서 나온 면도 있겠지만 그 자신이 벌써 스승이 될 만한 상당한 능력과 자질을 구비하여 있음을 알 수 있고, 또 실례實例를 다른 곳에서 지적할 수 있다. 특히 자녀에 대한 교육은 예부터 엄함을 위주로 할 것을 강조하였는바, 본디 인자관후仁慈寬厚한 성품에 또 아비 없는 고자孤子를 가르침에 있어 그 자애지심慈愛之心을 억제하고 손수 매를 잡고 엄하게 교육하는 윤씨부인의 정경은 눈물겨운 바가 있다. 이러한 자녀교육에 대한 열성은 그의 노후에도, 그리고 아들이 성장하여 벼슬에 나간 뒤에도 변함이 없었다.

이상은 윤씨부인의 경우를 예로 든 것이지만 한씨부인이나 이씨부인의 경우도 이를 본받은 바가 많다.

4) 청빈검박淸貧儉朴

행장문학 네 편을 통하여 공통적으로 강조 서술한 부분은 바로 그들의 청빈하고 검박한 생활에 관한 것이다. 이는 곧 세속적 물욕에서 초탈하여 차원 높은 유교적 이상의 경지에서 안빈호학安貧好學하는 생활을 나타내는 동시에 관료의 집안으로서 청렴결백함을 나타내고자 하는 현실적인 의도도 개재介在되어 있으리라 본다.

할머니께서 궁핍하고 곤란하심을 갖추어 고루 겪으셨지만, 재산 따위에 욕심이 없고 마음이 깨끗하여 거리낌이 없으셔서 일찍 부녀의 인색한 기운이 없으셨다. 비록 얻으시나 의로운 것이 아니면 물리치시고, 비록 얻은 것이라도 남에게 은혜를 베풀고자 하시면 즉시 흩어주시고 감추어 두었다가 팔아서 세간 불리기를 일삼지 않으시고 또 여러 손자들에게 "너희 무리는 오직 마땅히 문학을 힘쓰고 빈곤을 근심하여 생리生利로써 마음에 두지 마라! 사람이 비록 가난하나 굶어 죽는 사람은 적으니라."(「태부인행장습유록」)

위의 예에서 보는 바와 같이 윤씨부인은 물루物累에서 초탈超脫하고 자손들에 대해서도 마땅히 문학에 힘쓰고 빈곤을 근심하지 말고 생리生利에 마음을 두지 말라고 가르치고 있다.

또한 그 자신이

이때부터 집안이 더욱 어려워져 몸소 길쌈 방적을 하여 아침저녁의 끼니를 이어갔지만, 언제나 태연하여 근심하는 얼굴빛을 나타내지 않고 또한 불초 우리 형제가 모르게 하시니, 그것은 우리가 집안의 잔일에 골몰하여 공부에 방해가 될까 염려가 되었기 때문이다.(「해평윤씨행장」)

한 것처럼 노후에까지도 스스로 침선방적針線紡績하여 근검한 생활을 하여 모범을 보였고

나의 백씨가 일찍 호남을 다스리려고 가실 때 절을 하여 하직을 하는데 할머니께서 경계하여 말씀하시기를 "네가 벼슬살이를 함에 있어서 법을 지키기를 맑은 물처럼 하여 너의 집안의 선대 어른들께 욕됨이 없게 하라!"(「태부인행장습유록」)

하고 청렴한 관리가 될 것을 훈계하였다. 그리고

　　선형이 일찍 경기도 고을의 원이 되었지만, 녹봉이 적어 봉양이 부족함을 한탄하니 태부인이 "다행히 나라의 은혜를 입어 방이 덥고 밥이 배부르니 이곳을 오히려 부족하다고 생각하면 어쩌겠는가? 네 능히 직무에만 충실하다면 이 봉양이 오히려 두텁지 않겠는가?"라고 하였다. 손자 진구鎭龜가 경기감사로 있을 때 관내에 있는 원이 태부인의 생신에 전례대로 폐백을 보내니 그 사람이 서로 가까이 지내는 집안의 자제라 사람들이 '그 의리상에 사양할 일이 아니다.'라고 말하였지만, 받지 않으셨다. (「해평윤씨행장」)

　　할머니께서 평소 검소하셨기에 이를 자손들에게 권면勸勉하시더니 소손小孫이 일찍 옷이 떨어져 부인으로 하여금 기우라고 하셨는데, 부인이 어렵다고 하며 입지 말라고 하니, 소손이 마침 할머니의 옆에 있다가 아뢰었더니 할머니께서 손부에게 일러 말씀하시기를 "부인은 마땅히 검약으로써 장부를 도와야 하므로 삼가 세상 사람들이 사치하는 버릇을 본받지 말라! 잘 알지 못하는 여인이 비록 장부의 옷 기웠음을 기롱譏弄하여 웃지만, 어찌 부끄럽지 않으랴? 너는 당장 기워서 내 손자에게 입혀라."라고 하셨다. 부인이 명령을 따르니 할머니는 소손에게 말씀하시기를 "네가 출세함으로써 입는 의복을 혹시 벼슬이 없는 선비 때의 의복보다 넘치게 하지 말거라."라고 하셨다. (「태부인행장습유록」)

라 한 것처럼 청빈하고 결백한 생활은 체질화된 윤씨부인의 생활신조였다.
　한씨부인도 또한

　　할머니께서 검소하시고 질박하심을 좋아하시고 사치를 싫어하셔서, 일찍 손자며느리 중에서 갓난아이에게 바지를 만들어 입힌 것을 보시고 매우 기뻐하지 않으시며 말씀하시기를, "포대기 속에 싸여 있는 아이에게 어떻게 바지를 입히는가? 내가 그것을 취하지 않는다." (「서원부부인행록」)

와 같이 어린 아이의 옷가지에까지 그 청빈검박을 철저히 시행하도록 하였고 이씨부인도

부인은 오직 몸소 밤낮으로 바느질을 하여 돌아가신 아버지를 받드실 때에 겨울에는 털옷으로, 여름에는 베옷으로 입으시게 하여 드리되, 남음이 있게 하셨다. (「한산이씨행록」)

한 것처럼 몸소 침선방적針線紡績을 하여 남편의 사철 의복을 마련하는 가난한 생활을 겪었기에

돌아가신 아버지께서 맡으신 마을이 많아 월봉月俸이 제법 많았고, 또 사방四方이 때때로 예사 먹이는 것이 있었지만, 어버이를 받들어 모시고 제사를 모시는 일 이외에, 남는 것을 산소를 가꾸는 일을 도우니, 집안 살림은 조그마한 것도 없었다. 부인의 상에 어울리는 맛있는 음식이 없으며, 옷이 때 묻고 해어질 지경에 이르러도 또한 관계하지 않으셨다. (「한산이씨행록」)

남편의 지위가 높아져도 이처럼 때 묻고 해어진 옷에 소찬素饌을 먹을 수 있었던 것이다.

결국 서포가문은 부富를 버리고 귀貴를 취하여 나갔다. 그리하여 유교 윤리관에 맞는 가장 이상적이고 청귀淸貴한 가풍을 이룩한 집안이라는 것을 강조한 셈이다.

5) 효양孝養

효孝는 유교윤리의 핵심이요, 백행百行의 근본이다. 그러므로 서포 문중의 여인들이 이에 등한等閑했을리 없다. 그들은 물론 그들의 시부모를 받들고 집안 어른들을 공양함에 있어 옛 선현들의 가르침에 어긋남이 없었던 것이다.

> 밖으로는 극진한 효성으로 모시고, 아버지 참판공을 봉양하기를 옛날의 효자처럼 하면서……. (「해평윤씨행장」)

> 참판공이 병환이 들어 자리에 누우시자 받들어 모실 자손이 없었기 때문에 할머니께서 홀로 앉으셨을 때나 누워 계실 때나 받들어 간호하시고, 약을 먼저 맛보아 드리면서 밤을 새우시며 죽이나 마실 것들을 달일 때에도 또한 계집종이나 사내종을 시키지 않으셨다. 이따금 「시경」과 「서전」과 재미있는 이야기들을 말로 설명하여 병이 드신 괴로움을 잊으시고 기뻐하시게 하셨고 잠을 조금도 주무시지 않고, 치마끈을 풀지 않으심을 매우 오랫동안 계속하셨다. (「태부인행장습유록」)

이는 곧 증자曾子의 효행이나 소학小學의

> 효자가 어버이를 섬김에 있어서는, 기거에는 그 공경함을 다하고, 봉양에는 그 즐거움을 다하며, 병환이 생기면 그 걱정을 다하여야 하는 것이다[孝子之事親 居則致其敬 養則致其樂 病則致其憂(<內篇·明倫>)].

의 도리에 비추어 어긋남이 없는 것이다.

6) 봉제사奉祭祀

조상을 받들어 제사지냄은 곧 효양孝養의 연장으로서 조선사회의 부녀 행실 중에서 매우 중요한 몫으로 행하였던 것이다. 그러므로 서포 가문 여인들도 조상을 받드는[奉先] 도리에 조금도 어긋남이 없었다.

> 세시歲時 제사를 매우 공경하여서 이미 집안일들을 맡긴 처지이지만, 이 일에는 오히려 몸소 그릇을 씻어 음식을 장만하고, 심하게 병이 든 때가 아니면 사람들에게 대신토록 시키지 않으셨다. 태부인 스스로를 미망인이라 일컬으며 종신終身토록 몸에 화려한 의복을 가까이 않으시고 수연壽宴을 열자고 청했으나 허락하지 않으시고……. (「해평윤씨행장」)

> 돌아가신 선대 어른들을 모시는 도리에 정성을 다하여 제사를 지내고, 평소에 말씀하시기를 "추모하는 효도는 제사를 정결히 함보다 넘치는 것이 없고 신령을 감격하게 하는 바는 맑은 잔에서보다 간결한 것이 없다." 하시니, 이럼으로써 주방에서 음식을 주관하는 여자의 주장主張을 청렬淸冽하게 해야 함에 힘쓰셨다. 제사를 지낼 때 반드시 비를 잡아 중당中堂에 물을 뿌리고 쓰시며, 돗자리를 펴시고 그릇을 씻으시며 제사를 넉넉하고도 깨끗하게 정성으로 하셨다. 굽고 지지는 것을 낱낱이 친히 점검하시고, 어린 아이들 손에 맡기지 않으셨다. 항상 여자 종을 경계하기도 하시고, 격려하셔서 의복을 깨끗이 한 뒤에 앞에 서시어 심부름을 하게 하시니……. (「서원부부인행록」)

이처럼 '어버이를 봉양할 때에는 남을 시키지 않고, 제사를 지냄에는 엄중하게 받들라.'[事親奉祀 豈可使人爲之(<小學 外篇·嘉言>) 祭則致其嚴(<小學 內篇·明倫>)]는 유훈遺訓을 몸소 철저히 시행하였던 것이다.

7) 접빈응대接賓應對

손님을 접대하는 도리는 봉제사 못지않게 중요한 당시 부녀 행실의 기본조항이었다. 어느 면으로는 이 접빈 즉 손님을 접대하는 도리는 곧 그 가문의 부녀 행실과 예의범절을 측정할 수 있는 직접적인 것이기 때문에 가정의 부녀들은 매우 세심히 정성을 기울였던 것이다.

서포가문 부녀들의 접빈응대를 하는 도리도 이러한 법도에 어긋남이 없었던 것이다.

> 인경왕후께서 세자빈世子嬪 간택揀擇에 응하기를 마치고, 가례嘉禮를 했을 때 사사私 집이 궁중 사람들을 접대하는 정사情事가 매우 많은데 부인이 부부인을 도와 대소사를 다 헤아려 알아서 다스렸다. 부부인이 임금이 계시는 대내大內에 통적通籍하시기에 미쳐 왕후께서 곤위坤位를 정하실 때는 자주 들어가 조알朝謁하실 때 전후의 장렬莊烈·인선仁宣·명성明聖 세 성모聖母께 뵙기를 여러 번 하셨지만, 부인은 근의勤儀하시고 주선하시기에 민첩하시니 (중략) 서석瑞石 선생이 오시면, 부인이 손을 씻고 음식을 갖추어 받드니, 서석 선생이 돌아와 부엌 종을 꾸짖어 말씀하시기를 "우리 며느리 음식처럼 아름답지 못하다." 하셨다. (「한산이씨행록」)

이처럼 민첩하고 알뜰한 정성을 기울였던 것이다. 그러므로 이러한 범절이 있는 가정에서 자라난 인경왕후도

> 인경왕후가 어린 시절 태부인에게 교육을 받고 자랐는데, 태부인은 바름[正]으로 가르치셨다. 왕후가 나이 겨우 십일세에 세자빈으로 뽑히셨지만, 일을 주선함과 사람을 응대함이 성인과 같으시니 궁중 사람들이 모두 기쁘게 탄복하였다. (「해평윤씨행장」)

한 것처럼 십일세의 어린 나이에도 궁중宮中이 열복悅服하는 주선周旋 과 응대應對에 유루 없는 행실을 보인 것이다.

8) 언행言行

남녀를 엄격히 분별하고 부녀의 언행을 삼가고 조심하도록 경계함 은 유교 윤리의 한 강령이다. 윤씨부인은 그 언행에 있어서

> 평소에 깊이 침묵하시어 조금도 바깥 말을 아니하시고, 돌아가신 나의 아버지 형제께서 벼슬살이를 하시기에 이르되 또한 조정의 정사政事를 묻지 아니하시고, 집에 기별과 조정에서 보낸 임면장任免狀이 있어도 직접 엿보려 하기조차 아니하셨다. (「태부인행장습유록」)

라 하였는데 '남자는 아내가 하는 일에 대하여 말을 하지 않으며, 여자는 바깥일에 대하여 말하지 않는다.'[男不言內 女不言外(<小學 內篇>)] 는 범절을 지킴에 어긋나지 아니하였음을 말함이다. 한씨부인, 이씨부인의 경우도 이와 유사하다.

9) 돈목敦睦

부녀는 소견所見이 좁고 투기妬忌가 있어 항상 가내 불화의 씨가 되는 고로 이를 경계하여 일가족친지간에 화목하도록 힘쓰기를 권함은 부녀 교훈의 주요 강목으로 되어 있다. 이 행장에 나타나는 여인들도 이의 실천에 어긋남이 없었다.

참판공이 늦게야 측실側室이 낳은 아들만 있고, 돌아가신 뒤에 종질從姪을 양자로 대를 이으니 태부인이 두 아이를 사랑하시고 가르치시기를 불초 우리 형제와 똑같이 하시고, 두 아이들 또한 태부인을 모친으로 섬겨 늙도록 이간을 하는 말이 없었다. 또한 집 재산을 나눔에 있어 농토의 척박한 것과 노비의 늙고 가난한 사람을 가려서 가지며 "내 굳이 청렴한 이름을 남기기 위해서가 아니라 이것이 내 본래의 마음가짐이다."라고 하였다.

서동생이 죽자, 그 아들을 데려다가 모든 손자와 똑같이 함께 공부를 하게 하니, 이때 태부인의 연세 이미 늙으셨으나, 자손들 가운데에는 부인에게 배우고자 하는 사람이 두엇이나 되었다. 하지만 부인은 이를 오히려 즐겁게 여기고 조금도 수고로워 하지 않으셨다. (「해평윤씨행장」)

외손자 정문상鄭文祥의 계모 소생 남매가 어렸을 때 여자 종이 업고 할머니 앞에 오니, 할머니께서 어루만져 사랑하심을 혈육같이 하시고, 문상의 아버지가 먼 고을 원이 되어 길을 떠나야 하므로 할머니께서 문상 형제에게 말씀하시기를 "내 너희들을 생각하니, 어찌 오늘 그냥 보내겠는가? 너희 계모를 한 번 보고 너희를 보내려고 한다." 하시고 종을 보내어 청하여 와 대접을 매우 정답고 친절하게 하시니……. (「서원부부인행록」)

어머니께서 형제를 깊이 사랑하셔서 부모를 일찍 잃고, 지평공의 노후자老後子 보시기를 수족手足같이 하시더니, 우리 막내아버지께서 일찍 세상을 버리시니, 막내어머니께서 부인께 우러러 의지하시기를 부부인께 우러러 의지하시는 것과 같이 하셨다. 정씨고모鄭氏姑母께서 돌아가시니 자녀가 다 어린지라, 부부인이 몹시 슬퍼하시니, 부인이 거두기를 극진히 하여 그 자녀들이 어머니가 없어도 어머니가 있는 것처럼 하셨다. 이것은 진실로 돌아가신 아버지의 도움을 기다리지 않음이었다. (「한산이씨행록」)

이처럼 이 가문의 여인들은 인자한 성격으로 돈목한 가정을 이룩하였던 것이다. 그러나 여기서는 여인 간의 화불화和不和가 아니라, 그 소출所出의 다름에 차등을 두지 않고 이를 고루고루 용납하여 오로지 훈육에 전념하고 나아가 이를 즐거움으로 삼았다는 점에 약간 다르기는 하다.

10) 기타

이밖에 일반적 윤리범절로서 군자를 섬기[事君子]고, 노복을 부리[御奴僕]는 도리에 있어서도 고훈古訓에 벗어남이 없이 모두가 이 귀감이 될 만한 점을 언급하고 있다. 그리고 윤씨부인의 경우, 남편 익겸益兼이 강화도에서 절사節死할 때에 보여주었던 순사殉死하려던 정절의 빼어남에 대해서도 기록되어 있다.

결국 서포가문 행장문학에서는 유교 윤리사회에서 가장 이상적이고 귀감이 될 만한 여인상이 그려져 있고, 특히 왕비를 배출시킨 집안으로서의 법도 있는 가풍과 그 가풍을 이룩한 여인들의 훌륭한 행장을 기록한 것이다.

규방가사閨房歌詞에서 계녀가誡女歌가 앞으로 시가媤家에서 수행해야 할 임무를 부모의 입장에서 교술敎述한 것이라면, 이 서포가문 행장문학은 그것을 성공적으로 수행한 예를 후손의 입장에서 기술한 것이다. 나아가 이것은 또한 가문의 흥망성쇠는 그 집 부녀에게 달렸다는 교훈을 실천한 그들의 행적을 후손들에게 보이기 위한 기록으로서의 목적의식도 곁들여 있는 것이다.

5. 가치價値

지금까지 우리는 신자료新資料 서포가문 행장문학의 성격과 그 작자들, 그리고 그것이 씌어지게 된 집필 동기 등을 살펴보았다. 그리하여 이제 여기서는 그것이 갖는 문학사적 가치는 어떠한가를 살필 차례에 이른 것이다.

이들 서포가문 행장문학은 모두 그 작자가 분명한 한글 산문학散文學이다. 전술한 바와 같이 한글을 지극히 천시하던 사회 여건 하에서 남자들, 더구나 높은 벼슬길에 올라 있는 그들이 한글 산문을 썼다는 데 우리들의 관심이 모아지는 것이다. 지금까지 전해 오는 남성이 쓴 산문은 서유문徐有聞의 「무오연행록」, 이의평李義平의 「화성일기」 등 몇 편의 작품과 언간諺簡 등이 있을 뿐이다. 더구나 이처럼 희귀한 남성들의 한글 산문에서 특히 이들은 여인을 소재로 하여 썼다는 점에서 「우암선생 계녀서」와 더불어 문학사상 독특한 자리를 차지하게 되는 것이다. 그리고 그 속에 표현된 문체 또한 과장과 허식과 기교에 치우침이 없이 사실적인 문체로 담담히 씌어진 것이다.

또 이들 행장문학은 그 작자가 서포西浦・죽천竹泉・북헌北軒・건암健庵 등 서포문학西浦文學의 작자 내지 그와 관련이 깊은 당대 인물들이다. 그러니만큼 그 행장 내용과 인물들은 필경 서포문학연구에 어떤 방향을 제시해주는 근거가 될 수 있을 것이다.

그리고 조선 중기 사장파詞章派가 독립된 이래 문운文運이 크게 융성하여 온통 가정이 들어 참여하여 문벌을 이룬, 이를테면 차식車軾・차천로車天輅・차운로車雲輅 삼부자三父子, 허초당許草堂의 오부자녀五父子女, 김청음金淸陰 형제 등이 당시 가족 문학(클럽문학)을 형성하였음은 주지의 사실이다. 이에 대응한 서포西浦・죽천竹泉・북헌北軒・

건암健庵으로 이어지는 작가들은 한글 문학을 숭상하고 그것으로 글을 쓴 국문학자들이다. 따라서 이들은 국문학 가족문단家族文壇을 형성하여 여성을 소재로 작품들을 썼다는 데에도 커다란 사적史的인 의의가 있는 것이다. 끝으로 이 행장문학은 또한 훌륭한 가정의 자녀교육서라는 데 그 가치가 있는 것이다.

자녀의 교육은 예부터 한 가정의 장래를 결정하는 중대사로 인정되어 왔다.

그리하여 이 같은 자녀교육은 주로 여성에 의하여 시작되며, 더구나 여성의 교육은 어머니의 교육이 직접적으로 자녀의 성장과정에 크게 영향을 미치고 한 가정 또는 한 가문의 전통으로 계승되고 있는 것이다.

서포가문이 당대의 명문으로 계승될 수 있었던 것도 이들 훌륭한 총부들의 자기희생의 시련과 고통 속에서 자손을 훌륭히 기르고 가문 계승에 오점을 남기지 않으려는 희생적인 슬기와 인고의 결과라 하지 않을 수 없다.

이렇게 볼 때 이러한 자랑스러운 서포가문 여성들의 기록이야말로 자녀 교육의 훌륭한 지침서라 보아도 좋을 것이다.

6. 맺음말

이상에서 장황히 서포가문 행장문학에 나타난 성격과 그 문학적 가치, 그리고 집필동기들을 살펴보았다. 그 결과 이들 작품들은 다음과 같은 성격을 지닌 문학임을 알 수 있다. 즉

첫째, 가문에 대한 자랑스러운 기록이고,

둘째, 이러한 자랑스러운 가문에 태어난 자손들에게 긍지와 교훈을

심어주는 목적문학目的文學이고,

셋째, 이상적인 여인상을 지닌 조상 부녀자들의 행적을 과시한 부덕찬양婦德讚揚의 문학이고,

넷째, 이러한 사실들을 기록함으로써 결국 자기 효도孝道를 간접적으로 과시하려는 의도가 담긴 문학이다.

따라서 이들 작품들은 문학사적으로 보아 모두 작자를 분명히 알 수 있는 한글 문학으로서 중요성을 지닐 뿐 아니라 남자가 쓴 한글 산문이 극히 희귀한 조선 사회에서 특히 여인을 소재로 썼다는 점으로 봐 문학사적으로 독특한 자리를 차지하게 되는 것이다.

그리고 이 작품들이 서포가문 행장문학인만큼 서포문학 연구에 필시 어떤 도움을 줄 것이 분명하며, 또한 조선 중기에 형성된 차천로車天輅 부자父子, 허초당許草堂 부자녀父子女, 김청음金淸陰 형제 등 한문중심의 가족문단(클럽문학)에 대응하여 이들 서포가문 작가들은 여성을 소재로 한 국문학 가족문단을 형성한 점이 중요한 사적의의史的意義를 지니는 것이며, 또 이밖에 훌륭한 가정의 자녀 교육서라는 점으로서도 가치가 있는 것이다.

작자들이 이 행장문학을 쓰게 된 동기는

첫째, 할머니, 어머니의 언행을 추념追念하고,

둘째, 자손들에게 그들의 덕행德行을 본받도록 하기 위함이며,

셋째, 그리하여 자라나는 후손들에게 전통 가문출신으로서의 긍지를 심어서 그 전통 계승의 교육적 효과를 노리려는 점,

그 밖에 상고사상尙古思想과 사회적 요청 등 몇 개의 동기를 더 첨가할 수 있을 것이다.

이처럼 이들 행장문학은 많은 독자들을 대상으로 했다기보다는 가깝게는 자기 가문의 후손 부녀자나 그 밖의 주변적인 인물들에게 읽히

기 위하여 씌어진 것이다. 따라서 다수의 독자들에게 읽히기 위하여 쓰이는 일반적인 문학과는 그 집필동기가 전연 다른 것이다.

보유補遺

본고 인쇄 중 또 서포가문의 행장 이본異本 2책(하나는 한글본, 또 하나는 漢文本)이 그 문중 김득수金得洙 씨 댁(대전시 용문동)에서 발견되어 여기 우선 그 윤곽만 간략히 보유한다.

먼저 「선세행록先世行錄」이라는 한문 표제가 붙은 한글행장본을 살펴보면

   □ 뎡경부인해평윤씨행장   서포찬
   □ 죠비행장습유록   죽천찬
   □ 정경부인한산니씨행장   북헌찬

등 세 편이 실려 있는 가로, 세로가 21×30cm로 36장에 매면每面 10행, 매행每行 24~30자로 불규칙하게 씌어진 한지漢紙 모필책毛筆冊이다.

거기에 수록된 작품은 상기와 같이 세 편으로 필자 소장본의 「서원부부인 힝녹」이 누락되어 있고, 그 밖에 자구상字句上의 차이를 약간 보일 뿐 그 내용은 필자본筆者本과 거의 일치하고 있다.

그러나 여기서 특기할 것은 「태부인행장습유록(죠비행장습유록)」의 말미에 필자본에는 없는 다음의 내용들이다. 즉

신미 구월 일 손자 진규鎭圭는 제주 적소에서 삼가 쓰나이다.

라는 집필 일시와 장소가 명기明記 되어 있고, 또 「정경부인한산니시 힝녹(정경부인한산니씨행장)」의 말미에

병술 칠월에 불초 아들 춘택春澤은 삼가 짓노라.
이 글 지을 때 병이 장에 들어 달포 동안 밥을 입에 넣지 못하고, 잡으러 오는 시각을 기다려 어득한 정신에 울며 적으니 어찌 유루遺漏함이 없으리요? 칠월 이십일일에 다 기록하여 한 벌은 송랑宋郞에게 보내고, 한 벌은 행담行擔에 넣어 두었더니 팔월 초오일에 도사都事가 내려와 잡혀 올라가 초십일 금부禁府에 들어 이십칠일 옥문을 나서 구월 초삼일에 길을 떠나 제주濟州로 와 있은 지 사년 만에 집사람이 내려오니 이글을 행담에서 내어 언문으로 번역하여 보게 하고 한 벌은 베껴 쓰게 하여 집에 보내 세 누이와 모든 제수에게 똑같이 보게 하라 했다. 이것은 모두 여자들이 보기 쉽도록 하기 위함이므로 혹 본문과 다른 곳도 있느니라.

와 같이 적혀 있다. 이것으로 보아 두 글의 말미에 지은 일시日時와 장소場所가 분명히 나타나 있을 뿐 아니라 특히 「정경부인한산니시힝녹」에서는 이 글을 지을 때의 상황과 번역飜譯 전사轉寫의 동기와 의도를 밝히고 있다.

또한 이 글에서는 북헌北軒 김춘택金春澤의 제주 유배 일정이 소상히 적혀 있고, 「한산이씨행장」의 한문본과 번역본이 동일인의 작품임과 그리고 그 원본들이 작자에 의해 각각 두 권씩 작성되었음을 밝히고 있어, 이 방면의 문헌 연구에 많은 시사점을 우리에게 던져주고 있다.

또 하나의 이본異本은 「정경부인행록」이라는 표제가 붙은 한문 행

장본으로 가로, 세로가 17×28㎝, 총 29장, 매면每面 8행, 매행每行 21~25자인 한지漢紙, 모필毛筆, 정자正字로 씌어진 것이다.

그 내용은 전기前記 한글행장본「선세행록先世行錄」과 마찬가지로 「셔원부부인힝록」이 빠진

  □ 정경부인해평윤씨행장貞敬夫人海平尹氏行狀
  □ 조비행장습유록祖妣行狀拾遺錄
  □ 모부인행록 남 북헌찬母夫人行錄 男 北軒纂

등 세 편을 한데 엮어 놓은 것이다.

이 책은 그 성격으로 보아 지은이 각자의 문집 속에 수록되어 있었던 것을 그 뒤 자손 중의 누가 합책合冊한 것으로 보아지며, 이「정경부인행록」이 발견됨으로써 앞서 필자가 서지書誌 부분에서 언급한 한글행장본의 원본이 한문본이었을 것이라는 추측을 확증지어 주는 좋은 자료가 될 뿐 아니라, 또한 한글 행장문학의 정확한 주석註釋에 많은 도움을 주게 되는 것이다.

참고문헌

김만중, 「해평윤씨 행장」.
김진규, 「대부인행장습유록」.
송백헌, 「서포가문 행장문학연구」, 『어문학』 4호, 한국어문학회, 1976.
이명구, 「서포와 정경부인 윤씨 행장」, 『김만중연구』, 새문사, 1983.
조윤제, 「고대문감」, 『국문학개설』.
김병국 외, 『서포연보』, 서울대 출판부, 1992.
『광산김씨 허주공파세적록』(송백헌 편), 광산김씨 허주공파 종중, 2010.

부록 1

■ 연산 광산김문의 여인열전 관련유적

류용환
┃대전광역시 학예관

1-1 양천허씨 정려각陽川許氏 旌閭閣 / 정려비旌閭碑
충남 논산시 연산면 고정리 304-3(충남 유형문화재 제109호)

▶▶▶
양천허씨는 사계 김장생의 7대조 김문金問의 배위로 태조 때 대사헌을 지낸 경혜공 허응許應의 따님이다. 남편 김문(1373~1393)이 일찍 죽자 친정에서는 허씨(당시 17세)를 개가시키려 했다. 이에 허씨부인은 어린 아들 철산을 업고 몰래 개성을 떠나 시가인 충청도 연산 고정리까지 500리를 걸어 내려왔다. 여기서 허씨부인이 홀로 아들을 훌륭히 키우자 44세 되던 해에 세종이 정려를 명하였다. 세종 때 펴낸 『삼강행실록』과 중종 때 편찬한 『동국여지승람』(1487년)에 그 내용이 수록되어 있다.

1-2 양천허씨 묘소/묘비
충남 논산시 연산면 고정리

▶▶▶
광산김문의 연산 고정리 묘역이다. 윗 사진의 전면 묘소가 허씨부인의 묘소이고 멀리 뒤편의 담장이 둘러진 묘소가 사계 김장생의 묘소이다. 조상의 묘가 후손의 묘보다 아래에 있으면 이것을 '역장易葬'이라 한다. 역장易葬의 이유에 대해서는 이설이 많으나 문중에서는 이것을 '선조가 자손을 업어주는 형국'이라 한다.

2-1 사계고택 : 은농재와 잠소실
충남 계룡시 두마면 두계리 96

≫≫≫

(上) 은농재는 사계 김장생 선생의 고택 사랑채로, 사계 선생이 벼슬을 버리고 고향에 내려왔을 때 머물며 강학하던 곳이다. 55세 되던 해인 선조 35년 (1602)에 건립된 것으로 전해진다. 이곳은 사계의 8째 아들인 규槼의 자손들이 대대로 세거해 왔으며, 은농재란 이름은 선생의 7세손 덕惪의 호를 따라 뒤에 붙인 것이다. 현재 은농재를 비롯하여 안사랑채, 안채, 문간채, 광채, 별당채 등이 하나의 커다란 건축군을 형성하면서 사계고택을 이루고 있다.

(下) 잠소실潛昭室(안채)은 염선재 김씨부인이 살았던 사계고택의 안채이다. '잠소潛昭'라고 한 것은 '순천김씨가 한恨을 참고 기다려 마침내 정부인貞夫人에 봉해진 것이 마치 용龍이 백 년을 기다렸다가 나와서 밝음을 보게 된 것과 같다.' 하여 붙여진 이름이다.

2-2 영당
충남 계룡시 두마면 두계리 96

≫≫≫

(上) 사계고택의 뒤편에 조그마한 영당影堂이 있다. 영당 자리는 숭정崇禎 4년 (1631) 음력 8월 3일 사계沙溪 김장생金長生 선생이 돌아가시자 출상出喪하기 전 그 시신을 모셨던 곳이다.

당시 왕은 150일 후에, 사대부 양반은 90일 후에 출상出喪하는 것이 관행이었는데 사계 선생은 돌아가신 후 이곳에서 78일간을 모셔져 있다가 그해 10월 19일 출상出喪하여 진잠 성북산에 안장安葬하였다. 그 후 숭정崇禎 14년(1641) 음력 10월 9일 연산면 고정리로 이장하였다.

(下) 영당 내부이다. 정면에 사계 영정이 걸려 있고, 그 배면에 사계의 문묘종사 교지文廟從祀教旨가 펼쳐져 있다.

2-3 염선재念先齋/정려각旌閭閣
충남 계룡시 두마면 금암동 45(충남 문화재자료 제316호)

≫≫≫

(上) 염선재는 사계 김장생 선생의 계배인 순천김씨의 재실로 고종 19년(1882)에 건립되었다. 염선재는 원래 작은 규모의 제각祭閣이었으나 1913년 현재 건물로 증축되었다. 순천김씨는 충익공 김종서金宗瑞의 7대손녀로 어려서부터 효성이 지극하였고, 사계 선생이 타계하자 부군의 삼년상을 마치고(62세) 식음을 전폐하여 목숨을 끊어 효와 열의 모범이 되었다. 그러나 염선재 김씨의 절사는 단순히 남편을 따라 죽는 절사는 아니었다. 오히려 그것은 그의 7대조 김종서의 억울한 누명을 풀어드리지 못한 데 대한 자책의 의미와 후세에 그 뜻이 이뤄지기를 바라는 염원이 담긴 것이었다.

(下) 염선재 순천김씨의 정려각이다. 후손과 연산 지역 유림들의 상언上言에 의해 고종 10년(1906) 정부인貞夫人에 증직되었으므로 이 교지에 의하여 1976년에 세운 정려각이다.

3-1 연산서씨 묘역/정려
대전광역시 유성구 전민동 산18-17(대전지방 문화재자료 제7호)

▶▶▶

(上) 유성 전민동 산소골의 김반·김익겸 묘역(대전지방 문화재자료 제7호)이다. 사진의 전면에 보이는 산소가 김반의 묘이고 뒤편에 있는 산소가 아들 김익겸의 묘소이다. 연산서씨는 김반과 합장묘로 안치되어 있다.

(下) 유성 전민동 산소골 아래에 세워진 연산서씨 열녀 정려(왼편)이다. 1637년 1월 청나라 군대에 강화성이 함락되자 먼저 아들 김익겸이 남문에서 자결하였고, 다음날 어머니 서씨부인과 서씨의 딸이 함께 자결하였다.

4-1 해평윤씨 묘역/묘비
대전광역시 유성구 전민동 산18-17

▶▶▶
(上) 유성 전민동 산소골의 김반·김익겸 묘역(대전지방 문화재자료 제7호)의 김익겸 묘이다. 김익겸의 묘소는 김익겸과 해평윤씨의 합장묘이다.

(下) 원수형圓首形을 하고 있는 묘비의 전면에는 김익겸과 그 부인 해평윤씨의 이름이 적혀 있다. 아드님 되는 서포 김만중은 효자 정려를 받은 인물이다. 이 묘역의 아래 서남지역에는 서포 김만중의 효자 정려와 석상이 서 있고 또한 그의 대표시 '사친思親'도 새겨진 시비詩碑가 세워져 있다.

부록 2

■ 정경부인 해평윤씨 행장

[번역문·원문]

정경부인 해평윤씨 행장

태부인太夫人의 성姓은 윤씨尹氏니, 선계先系는 선산善山 해평海平이라, 고조高祖의 휘는 두수斗壽이니 영의정 해원부원군海原府院君이요, 시호는 문정공文靖公이다. 증조의 휘는 방昉이요, 영의정이며, 시호는 문익文翼이니, 공덕功德 있는 어진 정승이 계승되었다 칭한다. 할아버지의 휘는 신지新之니, 선조의 따님 정혜옹주貞惠翁主를 취처하여 해숭위海崇尉에 봉해졌고, 문장文章으로 세상에 이름났으며, 시호는 문목文穆이다. 아버지의 휘는 지墀니, 인조조 명신으로 벼슬이 이조참판에 이르렀다.

어머니는 정부인 남양홍씨南陽洪氏니, 경기감사 휘 명원命元의 따님이다. 참판공은 다른 자녀가 없었으며, 정혜옹주는 다른 손자가 없고 오직 태부인 한 사람뿐이었다. 때문에 옹주가 친히 안아 기르시고 입으로 외워 소학小學을 가르쳤다.

태부인은 총명하여 한번 가르쳐주면 문득 깨달으니 옹주는 항상 말하기를 "아깝다. 그 여자됨이여!" 했다. 자람에 미쳐 의복과 음식을 풍족하고 사치하지 못하게 하면서 말씀하시기를 "후일에 빈한한 선비의 아내가 된다면 어찌 능히 이와 같이 할 수 있겠는가." 했다.

우리 아버지에게 출가하자 경계하여 이르기를 "너의 시댁은 예법의 가문이니 부도에 어긋나서 나에게 수치스런 일을 끼침이 없게 하라." 했다. 그의 훈계함이 이와 같으므로 태부인이 출가할 때 나이 열네 살인데도 시댁 가족에게 칭찬을 얻었다. 정축노변丁丑虜變(1637)란에 선부군이 강도江都(강화도)에서 순절하였는데, 이때 태부인은 바야흐로

잉태하여 달이 찼는지라, 홍부인의 우소寓所인 포구에서 배를 얻어 화를 면하니 이때 선형先兄은 겨우 다섯 살이요, 불초不肖는 태胎에서 떠나지도 않았었다.

난리가 안정되자 두 외로운 아이를 이끌고 본가의 부모슬하에 의탁하여 안으로 홍부인을 도와 가사家事를 보살피고, 밖으로 참판공을 봉양하는데 능히 뜻을 기르기를 옛 효자와 같이하고 한가하면 문득 서사書史를 펴 보아 스스로 즐기니 날로 조예가 깊어졌다. 이리하여 참판공은 거의 아들이 없는 슬픔을 잊었고 문목공은 탄식하면서 말하기를 "우리 손녀와 더불어 말하면 가슴이 활짝 열리는 것 같으니 네가 만일 남자라면 어찌 우리 가문에 하나의 대제학이 아니리오." 했다.

우리 할아버지의 장지를 회덕懷德 정민리貞民里(현 대전 유성구 전민동)에 복장卜葬하고 선부군은 그 뒤에 부장附葬하게 되었는데, 어느 지사地師가 말하기를 "그 장소가 후손에게 불리하다." 했다. 참판공은 의심하여 부인에게 말하기를 "나의 힘이 능히 개장할 만하니, 마음속으로 생각하기를 서울 국내로 이장하여 고아와 과부인 네가 절일節日 때 성묘를 편리하게 하고자 하노니 너는 어떻게 생각하느냐." 했다.

부인이 대답하기를 "풍수風水의 말이 본래 망매茫昧하여 믿기 어렵고 선영 국내에 장사 지내면 신도가 편안할 줄로 생각되며, 또한 호중湖中(충청도)에는 시댁 가족들이 많이 거주하는 만큼 아이가 장성하기 전에는 그들에게 수호를 의뢰할 것이니 이장을 원치 않습니다." 했다.

참판공이 세상을 버리자 홍부인은 애통과 신병으로 일을 보살피지 못하고 또한 자제들의 가사家事를 간검하는 이도 없었다. 태부인이 홀로 수명數名의 여비女婢와 더불어 상수喪需를 장만하되 의금衣衾과 제전祭奠을 정결하고 풍결하게 하여 예절에 맞지 않은 것이 없으니 보는 사람들이 특이하게 여겼고 그 후 어머니 상에도 또한 그와 같이 했다. 이후부터 가사가 더욱 곤란하여 심지어는 몸소 길쌈하여 조석을 이어가는 지경에 이르되 항상 태연하여 근심과 번뇌하는 용모가 없었다.

또한 불초 형제로 하여금 알지 못하게 하였다.

대개 이와 같이 하신 것은 어릴 때부터 집안일에 골몰하여 서책 공부에 방해될까 염려한 것이다. 불초 형제가 어려서 배울 때 밖의 스승이 없었고 소학小學, 사략史略, 당시唐詩 등은 태부인이 가르치시니 자애慈愛는 특이했으나 공부의 과정은 지극히 엄격했다. 항상 말씀하기를 "너희들은 다른 사람과는 같지 않으니 남보다 한층 더해야 겨우 남의 유類에 들리라." 하시고 "사람들은 행실이 없는 자를 꾸짖으며 말하기를 반드시 과부의 자식이라 하나니 이 말을 너희들은 마땅히 각골刻骨하라." 했다.

불초 형제가 허물이 있으면 반드시 손수 매를 잡고 울면서 말씀하기를 "너희 아버지가 너의 형제로서 나에게 부탁하고 세상을 버렸으니, 네가 만약 이와 같이 한다면 내가 무슨 면목으로 너의 아버지를 지하에서 보겠는가. 학문을 아니하고 살려면 빨리 죽는 이만 같지 못하다." 하셨다.

그 말씀의 애통 박절함이 이와 같으므로 선형先兄의 문장이 비록 천품적이긴 하나 그 공부가 일찍 성취된 것은 태부인의 격려한 힘이 많았고 만중萬重은 어둡고 미련하여 스스로 포기할 정도이지만 가르침이 지극하였기 때문이다.

이때 난리가 지난 지 얼마 되지 아니하여 서적을 구하기가 어려웠다. 맹자孟子, 중용中庸 같은 모든 책을 태부인이 곡식으로 구입하고 좌전左傳을 팔려는 자가 있으니, 선형이 마음으로 심히 애중히 여겼으나 권수가 많으므로 값을 감히 묻지 못했다.

태부인은 곧 베틀에 있는 명주를 베어 그 값을 갚으니 이후로는 아무런 저축이 없었다. 이웃 사람 중 옥당玉堂의 아전이 된 자에게 부탁하여 홍문관 내의 사서四書와 시경詩經, 언해諺解를 빌려 모두 손수 등초했는데 자획이 정교하고 섬세함이 구슬을 꿰운 것과 같아서 한 획도 방필함이 없었다.

참판공께서 말년에 서자庶子를 두고 세상을 버린 후에 종질從姪로써 계후繼後하였다. 태부인은 사랑하시고 가르치시기를 일체 불초 형제와 같이 하고 두 아우 또한 어머니처럼 섬겨서 늙기에 이르도록 사람들은 간격의 말이 없었다.

그들과 살림을 나누매 전토田土의 천박하고 노비의 늙고 가난한 자를 선택하면서 말하기를 "내가 청렴한 이름을 위함이 아니라 이것이 나의 하고자 하는 바이다." 했다.

서제가 죽으매 또 그의 고아를 데려다가 모든 손자와 더불어 같이 배우게 하니 이때 태부인의 나이 이미 늙어 오륙십이 되었는데도 손자를 수명數名이나 가르치니 대개 이를 즐거워함으로 피로함을 생각지 않았기 때문이다. 천성이 글을 좋아하여 늙어서도 폐지하지 아니 하시고 더욱 역대 치란과 명신의 언행 보기를 즐겨하여 이따금 자손에게 가르쳐주고 음영吟詠에는 마음을 두지 않았다.

부녀를 가르치매 길쌈, 음식, 차사, 향사에 넘지 않았고 일에 임함에 더욱 경건하여 이미 가사를 인계했음에도 오히려 몸소 그릇을 씻고 반찬을 만들어서 심한 질병과 피곤함이 아니면 남에게 대리로 시키지 않았다. 스스로 미망인未亡人이라 일컫고 종신토록 몸에 빛난 의복을 가까이 아니하시고, 연회에 참여치 아니하며 음악을 듣지 않았다. 선형이 이미 영귀하자 수연을 베풀 것을 간청하였으나 마침내 허락지 않고 오직 자손의 과거 급제의 경사에만 잔치와 음악을 허락하면서 말씀하기를 "이는 진실로 문호門戶의 경사요, 내 한 몸의 사사로운 기쁨이 아니라." 했다.

계사癸巳(1653)에 비로소 선형이 과거에 급제하여 비로소 국록의 봉양함을 얻게 되고 만중이 또한 을사乙巳(1665)에 과거에 급제했다.

정미丁未(1667)에 선형이 이품직二品職을 받게 되자, 태부인이 정부인貞夫人에 봉해지고 갑인甲寅(1674)에 인경왕후仁敬王后가 숙종의 비가 되자 선형은 부원군에 봉해지고 태부인도 또한 정경부인에 승진되었다. 인경왕후가 어릴 때 태부인의 품에서 자라는데 반드시 바름[正]으로써 가르치시니 나이 십일세에 세자빈의 간택에 응하게 되었는데 주선에 응답하기를 성인과 같이하니 궁중 사람들 모두가 기뻐하고 탄복하였다.

이후부터 선형은 매양 가문에 성만盛滿함을 염려하여 탄식하며 말하기를 "우리 집으로 하여금 이 정도에 이르게 한 것은 모친의 힘이다." 했다.

태부인은 이따금 왕비를 보게 되면 문득 경계하되 옛 어진 왕비의 일을 일컫고 일호도 사적인 혜택에는 언급하지 않으니 인선仁宣(효종의 비 장씨), 명성明聖(현종의 비 김씨) 두 국모는 공경하고 존중히 여겼다. 경신년(1680)에 인경왕후가 승하하자 평소에 사용하던 의복과 기물을 왕자와 공주에게 넘겨줄 곳이 없었다.

명성왕후는 궁인에게 말하기를 "내가 차마 물건을 보지 못하겠다. 이제 본방本房에게 주고자 하노니 나의 뜻을 전달하라." 하니[본방이란 왕비의 본가本家를 일컫는 말이다] 태부인이 대답하기를 "인경왕비께서 비록 불행하여 아들이 없으나 일후日後에 국가에서 자손의 경사가 있으시면 이 또한 인경왕후의 자손이니 저장하여 기다림이 옳을 뿐만 아니라 궁중에서 사용하던 좋은 물건을 어찌 감히 사가에 둘 수 있겠습니까." 하니 궁인宮人이 복명하자 명성왕후는 크게 칭찬하면서 말하기를 "내가 진실로 본방의 훌륭함이 이렇게 처리할 줄 짐작했다." 하고 주상은 이 말을 들으시고 또한 말하기를 "이는 사군자士君子의 행실이로다." 했다.

정묘년(1687) 봄에 선형이 어머니 슬하를 영원히 떠나게 되었는데 태부인의 나이는 칠십이 넘었다. 자손들은 차마 최복衰服을 드리지 못했다. 태부인이 묻기를 "어이하여 상복을 만들지 아니하느냐." 했다. 대답하기를 "우리나라 풍속에 부녀자들은 오직 삼년상에 최복을 갖추고 기복朞服(1년) 이하는 다만 의대衣帶로써 성복成服하는데 이 또한 기년복에 해당되므로 최복을 만들지 않은 것입니다." 했다.
 태부인이 말씀하기를 "장자長子의 복을 어찌 다른 기년복에 비하겠는가." 하고 드디어 예문과 같이 성복했다. 불초는 태부인이 상측喪側에 계시면서 조석으로 애읍哀泣하여 병환이 되실까봐 염려되어 내 집으로 모시고자 했다.
 태부인이 울면서 말씀하기를 "내 비록 늙고 병들어 제사에 참여하지 못하지만 조석으로 곡성을 들으면 내가 참제함과 같은 생각이 드는데 만약 너의 집에 간다면 어떻게 마음을 진정하겠는가. 또한 여러 손자를 보면 그 아비를 보는 것 같은데, 만일 너희 집에 가면 저 손자들이 어떻게 나를 자주 와서 보겠는가." 하고 여러 번 간청해도 이에 따르지 않았으니 비록 비애 중에 있으면서도 예문을 돈독하심이 이와 같았다.
 그해 가을에 불초가 국사를 말하다가 서새西塞로 귀향가게 되었다. 태부인은 성 밖에서 전송하면서 말씀하기를 "영해嶺海의 행차는 옛사람도 면하지 못한 바이니 그곳에 가거든 자신 스스로를 사랑하고 나의 염려는 하지 말라." 하였다.
 이듬해 나라에 큰 경사가 있어 석방의 은혜를 입고 돌아와 모시게 되었는데 수개월도 안 되어 기사사화己巳士禍가 일어났다. 곧 사형에서 감면되어 남해로 위리안치되고 손자 세 사람이 잇달아 절도絶島로 귀향가게 되었다.
 태부인이 평소에 천촉 병환이 있어 추운 계절을 당하면 문득 재발하였다. 선형의 상을 당함으로부터 연이어 우척憂慽(근심하고 슬픈 일)을 당하자 본병이 가첨加添되어 이 해 겨울에 병환이 위독한데도 오히려 손자와 증손에게 훈계하기를 "가정의 환란患難으로써 위축되지 말고 쓸데없다 하여 학업을 폐廢치 말라." 했다. 조석상에 조금만 색다른 반찬이 있으면 문득 기뻐하지 않으며 말씀하기를 "우리집 음식이 본래 이와 같지 않았다." 했다.
 돌아가시기 수일 전만 해도 순순諄諄하게 근검으로써 자부, 손부를 경계하시고 이밖에는 오직 한 아들과 세 손자가 장향瘴鄕(귀양 간 곳)에 있는 것을 말씀하시고 다른 자손은 염려하는 바가 없었다.

아! 슬프도다. 처음에 선형이 태부인이 연로하심으로써 미리 수의를 마련하려 하자 태부인이 이 사실을 아시고 이르기를 "정축년(1637) 너의 아버지 상사에 재물이 없어 예절을 갖추지 못한 점이 많은데 이제 나에게 그보다 더 잘할 수 있겠는가." 했다. 선형이 대답하기를 "전후前後의 가정 형편이 같지 않습니다." 하니 태부인이 말씀하시기를 "내 또한 이를 어찌 모르리오. 다만 한 광중에 장사 지내면서 후박厚薄이 서로 다르다면 내 마음이 어찌 능히 편안하겠느냐." 했었다.

이때에 이르러 제손諸孫들이 받들어 염송함에 홍자紅紫와 화채를 쓰지 아니함은 남긴 뜻을 참작한 것이다. 태부인이 만력 정사년(1617) 9월 25일에 태어나서 기사년(1689) 12월 22일에 마치시니 향년享年이 칠십삼이다. 손남孫男 진화鎭華와 증손 춘택春澤 등이 영구靈柩를 받들어 선부군先府君 묘에 합장하니 경오년(1690) 2월 21일이었다.

태부인은 성품이 인자하고 용서함이 많아서 자손을 어루만지고 비복을 부림에 항상 은혜와 사랑에 과하면서도 단아하고 방정하며 준엄 개결하여 명랑하게 장부의 풍도가 있었다. 선형이 일찍 경기京畿 고을의 원이 되어 녹봉祿俸이 적어 봉양이 부족함으로써 한탄하되 태부인이 말씀하시기를 "다행히 국은國恩을 입어 따뜻한 온돌방에서 배불리 먹는데 이것이 부족하다면 어디서 만족을 취하겠는가. 네가 능히 직책에 마음을 다한다면 이 봉양이 이보다 더 두텁겠느냐." 했다. 손자 진구鎭龜가 감사가 되었을 때 관할 내의 수령이 태부인의 생일에 옛 규례에 의거하여 폐백을 보내왔는데 그 사람은 진실로 통가通家의 자제였다. 모든 사람들이 말하기를 "의리에 가히 사양할 수 없다." 했으나 마침내 받지 아니하였다. 말세에 교묘한 사기로 아전과 시정배들이 오로지 청탁을 일삼으니 임관한 존속 부녀들이 더욱 뇌물을 보내는 행위가 있었다. 불초 형제가 벼슬하여 나간 이후로 혹 간단한 편지도 어머니

눈앞에 온 일이 없었으니 이로써 가히 다른 것을 알 수 있다. 그 화액곤궁禍厄困窮에 처해도 민망하게 여기지 않고 영귀에 임해도 교만하지 않았으며, 참혹한 화를 만나면 사람으로 감내하지 못할 일이로되 의리와 운명에 편안하여 흔들리지 않고 위축되지 않았으니 이는 남보다 지나친 천품만이 아니라 서책을 박람하고 옛일을 상고한 힘은 속일 수 없는 일이다. 이럼으로써 친척과 이웃에선 보기를 엄한 스승과 같이 여겨 모두 모범으로 삼게 되었다.

　그의 발언과 척사가 의리에 합하여 궁중의 풍화를 돕고 영광스럽게 임금의 표창을 받았으니 이는 또한 근대의 규문에서 듣기 드문 일이다. 옛날에 이른바 '여자로서 선비의 행실을 지녔다.'는 말에 우리 태부인은 진실로 부끄러움이 없는 것이로다. 옛글에 이르되 '적선積善한 집은 반드시 남은 경사慶事가 있다.' 하고 서전에 이르되 '가득하면 해로움을 부르고 겸손하면 유익함을 받는다.' 하였으니 우리 태부인 같으신 분은 선을 쌓고 보탬을 받는 도에 적합하지 않음이 없는데 정축년에 남편 상을 당함으로써 많은 어려움과 그로 인한 근심이 곤란하고 박약할 때보다 더 심하여 얼마 안 되어 인경왕후가 승하하셨고, 우리 선先 백씨의 효성으로써 능히 봉양을 마치지 못하고 수년 사이에 세태가 크게 변하여 자손이 나뉘고 흩어져서 세상에서 슬피 여기는 바가 되었으니 이는 사람으로서 보답하는 하늘의 이치가 의심이 없을 수 없다.

　비록 그렇지만 세상에서 선과 복을 향유하여 한평생을 부귀로 즐겁게 지내면서도 죽는 날에 남들로 하여금 칭찬할 만한 사실이 없다면 이는 진실로 태부인께서 부끄럽게 여긴 바이라.

　태부인이 2남을 낳으시니 맏아들은 선형 만기萬基니 영돈녕부사領敦寧府事 광성부원군光城府院君으로서 일찍이 병조판서와 대제학을 지냈다. 선형의 직급이 높고 현달하되 태부인이 일찍이 기쁜 기색이 없더니 대제학이 됨에 이에 탄식하면서 말하기를 "내 한 부인으로 너희 형제를 가르치며 항상 두려워하기를 너희들이 고루하고 배움이 없어 선인께 수치와 모욕이 될까 했더니 이제야 거의 모면되었다." 하였다.

막내는 불초 만중萬重이다. 선형은 군수 한유양韓有良의 딸을 취하여 4남 3녀를 낳으니 맏이 진구鎭龜요, 다음은 진규鎭圭니, 모두 문과에 급제하고 다음은 진서鎭瑞, 진부鎭符니 모두 성관하지 않았다. 인경왕후는 자매에서 맏이요, 다음은 정형진鄭亨晋에게 출가하고 다음은 이주신李舟臣에게 출가했다.

만중은 판서 이은상李殷相의 딸을 취처하여 1남 1녀를 낳으니, 아들 진화鎭華는 진사요, 딸은 문과 급제한 이이명李頤命에게 출가했다.

진구의 아들은 춘택春澤, 보택普澤, 운택雲澤이요, 나머지는 다 어리다. 진화의 아들은 다 어리고, 정형진, 이이명의 소생도 다 어리다.

만중이 태어나기 전부터 죄가 많아 평생에 아버지의 안면을 보지 못하고 난리 때 태어나느라 어머니의 노고가 보통 사람보다 백 배나 되었는데 우둔하여 아무런 지식이 없고 은혜와 사랑에 친압하여 안색을 순수하기에 어긋남이 많았다. 분수에 맞지 않는 영귀가 어버이를 영화롭게 함이 아닌데 참광하고 우매하여 함정을 밞음으로써 우리 태부인에게 평생의 슬픔을 끼쳐 드렸으니 불효의 죄는 하늘에 관통하는데 오히려 목을 찌르거나 배를 갈라서 귀신에게 사죄하지 못하고 벌벌 떨면서 독기 어린 바닷가 가시울 속에서 삶을 구하니 아! 슬프도다. 돌이켜 생각하건대, 하늘의 이치가 정상에 돌아오지 않고 남은 목숨이 떨어지게 되었는데 진실로 두렵거늘 우리 태부인의 좋은 말씀과 훌륭한 행실이 점차 암매하여 후손에게 모범을 드리울 수 없으므로 감히 슬픔을 억제하며 아픔을 참고 손수 언행의 일통을 기록하여 몇 장을 등초해서 여러 조카에게 넘겨주는 것이다. 성품이 본래 어둡고 막혀 언행을 잘 보지 못하고 더구나 정신이 소모되어 십분의 일만을 기록하게 되니 불초의 죄가 이에 이르러 더욱 큰 것이다. 생각의 기억으로는 태부인께서 일찍이 근대의 비문과 묘지를 보다가 부덕婦德의 칭찬이 태과太過한 것을 병들게 여기면서 말씀하기를 "규문 내의 행검을 남으로서 알 바가 아닌데 병필秉筆가들이 다만 가장家狀만을 빙자함으로 그 말 자체가 증거의 자료가 못 되는 것이다. 그런 것이 아니라면 어찌 우리나라의 현부인이 이처럼 많겠느냐." 하셨다.

이 말씀이 낭랑하게 귀에 남아 있으므로 이제 덕행을 칭술하는 문자에서 감히 한 글자도 꾸며 만들지 못하고 차라리 간략히 하는 것은 대개 우리 태부인의 평소의 뜻에 따르자는 것이다.

경오년(1690) 팔월 일 불초 고 애 남
만중은 피눈물을 닦으면서 삼가 행장을 짓노라.

至懼者己辨矣惟我祖母當喜焉誡之當憂焉勉
之甚過乎今遠矣哉小子貧困猶初不能遵奉
常之誠而省之罪已大唯當安心抑慮歸之義命
庶希遺訓之萬一耳凡今我子孫之藉以寓哀慕
在於詮次言行若雖小子所獨承寶訓殊之較最
宜勿墮逸而眛舊故錄狀左邊于叔父且申目警
焉庚午九月日不肖孫男鎭圭謹泣書

嗚呼라 我祖母言行而叙父所手錄也 小子遠離而遽至于永訣時序遄邁音容日遠今伏讀此編悅若瞻慈顔而奉訓誨不覺涕泗之交下矣何記祖母嘗誡小子曰而科名太盛榮塗謝官養痾則將大有益及夫南遷累賜手札曰母過憂慣母多思慮心在所操能鎭定則自安萬事當聽天何至浪爲憂慮以耶摧殘疾乎每思此軰在遠我座豈不悲也每念餘生無幾何用戚戚是以自寬慰禍難與榮塗人之憂喜存焉喜而不至溢憂而不

性本昏憒無以善觀志行加以精神銷耗一遍十
不肖罪戾到此盍大失記得大夫人嘗閱近代碑誌
病其稱婦德太過曰閨門之內人所不知秉筆者焉
憑家狀故其言尤不足徵不然何東方賢媛之多也
此言琅然猶若在耳今於述德之文不敢為一字文
飾無寧失之於太簡者盍正我大夫人平昔之雅志
也庚午八月日不肖孤哀男萬重泣血謹述

十八

華鄭亨普李顗命普澤出皆幼萬重積惡於有生之
前生不識嚴親面目墮地於孔懷之際劬勞之恩百
倍常人而愚無知識袛於愚愛其而承顏順色卒
多乖庚分外榮官既非所以悅親而揚狂愚暗踽履
櫟寧以遺我大夫人終身之感不孝之罪上通於天
而猶不能刎頸劍腹心謝晁神爀々然偸生於瘴海
棘之中嗚呼痛矣頑念皓天不復而餘喘待盡誠
恐我大夫人嘉言懿行漸就晻昧無以壽範後昆兹
敢抑哀忍痛手錄言行一通分寫斷紙以遺諸姪而

十七

二男長即先兄領敦寧府事先城府院君曾經兵曹判書兼大提學先兄歷職崇顯而太夫人未嘗有喜色及典文衡乃嘆曰吾以一婦人敎汝兄等常恐固陋無聞爲先人羞厚今而後庶幾免其責即不宵萬重先兄娶郡守韓有良女有四男三女男長鎭龜次鎭圭皆及第次鎭瑞次鎭符未冠仁敬王后於婥姝行居長次適鄭亨晉次適李舟臣萬重娶弟書李殷相女生一男一女男鎭華進士女適及第李頤命鎭龜男春澤普澤雲澤餘幼鎭圭鎭瑞鎭

實無愧焉傳曰積善之家必有餘慶書曰滿招損謙受益若我大夫人者其於積善受益之道宜無所不合矣而自丁丑崩城之慟備嘗艱苦至於甲寅可謂極崇而甚憂反有慘於窮約時未幾先后上賓以我先伯氏之純孝不克終養而斷年之間時事大變子孫分離為世所哀此先民所以不能無疑於報施之天者也雖然世之享有頑福終身佚樂富厚而死之日人無稱焉者岂固大夫人之所羞也大夫人育

人皆謂義無可辭而終不受焉末俗巧詐吏譯市井
專事圖囑居官者之尊屬婦女尤其行賂之要路而
自不肖兄弟從宦以来無或有小紙至於大夫人眼
前者即此而可推其餘矣若其處阨窮而不悶履尊
榮而不驕遭罹奇禍人所不堪而安於義命不撓不
沮則不但天禀之過人其博覽稽古之力不可誣也
是以親戚鄰黨視之若嚴師咸以為表式而其叢言
庶事勤合義理用能裨補 陰化先府 君獎此尤
近代閨閫所罕聞而古以稱女子而士行者我大夫人

用紅紫華綵衾遺意也大夫人生於萬曆丁巳九月二十五日終於己巳十二月二十二日享年七十三孫男鎭華曾孫春澤等奉靈柩將先附君之兆而合窆焉實庚午二月二十二日也大夫人性慈多恕撫子孫使婢僕嘗過於恩愛而端方峻潔皦然有烈丈夫之風先嘗寧戚邑以邑殘俸薄奉養不豐爲嘆大夫人曰事親國恩突媛食飽此猶不足於何而足汝能孝心職事爲養顧不厚歟孫男鎭龜之爲監司營下倅以大夫人生日援舊例送幣其人固逃家子

誡孫曾曰勿以家難而自沮勿謂無用而廢業雖所進
饋物雖有珍異輒不樂曰吾家飲食初不如是屬纊
前斷目諄諄以勤儉飭子孫婦妣外唯以一子三孫
在瘴鄉為言餘無所繫念者嗚呼痛哉始凭兄以犬
夫人年老預造百歲衣大夫人知之謂曰丁丑之喪
無財不得自盡爲恨今豈可惜哉有加我豈以前後
家事之不同大夫人曰吾名當不如此但同穴而窆
厚薄相懸吾心豈得安乎至是諸孫之奉斂襚者不

夫人泣曰吾雖老病不能與祭無淚朝夕笑聲則如
吾與祭若往甫家尤何以爲懷且吾見諸孤之面則
如見其父若往甫家渠何能斷來見我平凉淸不從
雖在寢疾其篤於禮如此是年秋萬重以言事寬而
塞大夫人送之城外曰嶺海之行前備所不免行矣
自愛勿以我爲念曁年國有大慶蒙恩歸侍未數月
而已巳之禍作復詣詔獄尋減死安置南海而孫男
三人継寵絶島大夫人素有痰喘疾遇寒輒發自哭
先兄連遭憂感宿證有加至是冬疾旣革矣而猶訓

韋無嗣曰後國家有艱斯之慶則是亦大行之子
孫當儲而待之宜無不可天上珎玩豈敢藏置人間
窆人復命 慈聖亦加称賞曰于因知本房之賢
必能處此也 土聞之亦曰此士君之行也丁卯春
先兄永逞大夫人膝下大夫人年踰七十矣子孫不
忍加以衰服大夫人問何以不製衰服蜀曰國俗曏
女唯於三年喪具服期以下皆以布帶成服此固期
服也大夫人曰長子服豈此他期遑如禮成服萬重
慮大夫人在憂側朝夕哀泣成疾欲奉侍於其家大

所蒙養必以正 后年十一膺選而周旋應對如成人 宮中之人莫不悅服是後先兄每慮私門之盛滿嘆曰使吾家至氏者母親也聞每謁見輒進規誡稱古昔賢后妃無一毫及於私澤 仁宣 明聖兩
聖母雅敬重焉庚申 仁敬王后昇遐平日所御衣襨玩未有王子公主可遺者 明聖太母謂宮人曰吾不忍觀此物今欲盡以興本房其以予意諭之本房者指妃本家之稱也大夫人曰 大行雖不

筆札吟咏其訓誨婦女不越乎麻枲酒水歲時享祀
涖事甚虔既傳家事而猶躬親滌先盥饋非甚痾困
不使人代之自稱未亡後終身被黲素少涉鮮羨
未嘗近體不與宴會不聽音樂先兄既貴請從壽席
而終不許唯於子孫抖慶許設宴張樂曰此困門户
之慶非余一身私喜也癸巳先兄登第始得祿養萬
重名於乙巳忝竊抖名丁未先守二品職大夫人
封貞夫人甲寅 仁敬王后正位長秋先兄推恩貤
封大夫人名墮彌貞敬 后之在幼小育於大夫人

者借出館宋四書詩經諺解皆手自謄寫而字體精
細如貫珠無一畫苟者參判公睨有側室男而蚤沒
以從姪為後大夫人撫而誨之一如不肖兄第二兄
名母事之至老人無間言與之分產自擇田之瘠者
與臧獲之老而貧者耶之曰吾非苟為廉名是固吾
所欲也庶幾耳其孤俾得與諸孫同學是時
大夫人年已耆艾而外孫兒之汔而丞蒙者猶斷人
以欲也性既嗜書光而不廢尤喜觀
盖嘗曰而不以為勞也性既嗜書光而不廢尤喜觀
歷代治亂名臣言行時~以語子孫而絕不當意於

必躬執夏楚泣而言曰汝父以汝兄弟託我而死汝
今若是我何面目於地下乎興其不學而如區死
其言之痛切如此先兄之於文雖得於性而其藝業
之夙成大夫人激勵之力居多而若萬重之昏瞶目
棄非教之不至也時經亂來久書籍蕩如孟子
中庸諸書大夫人皆以栗易之有賣左氏傳者先先
意甚愛之而見卷帙多不敢問價大夫人即斷機中
紬以償其直此外固無餘儲也又況鄰人為玉堂吏

幹家者

大夫人獨與諸婢措辦
老具而衣衾祭奠齊整豐潔無不中礼見者異之其
於後喪名然目是家事益困至躬同細繡以給朝夕
而居常泰然未嘗見有憂惱容名不令兒輩知之
盖慮其早汨家人細務有妨於書冊工夫也不肖兄
弟幼學無外傳如小學史略唐詩之屬大夫人自教
之雖其慈愛異甚而課督於言汝輩非他人此
必他日才學過於人一等繞瀆見嘗於人之詬無
行者必曰寡婦之子此言汝宜刻骨不肖兒第有過

叅判公殆忘無子之感而文穆公嘆曰每興我孫女
言頓覺心胸洒落若是男子豈非吾家一大提學也
我皇祖考之喪卜葬於懷德縣之貞民里先祔君祔
其後葵師或言其地不利於後嗣叅判公慽之謂犬
夫人曰吾力能改葬意欲遷之鐵內俾便孤兒寡婦
卽日掃洒甫謂對曰風水家說素崔聼難信從
葵先兆諒神理以安且湖中夫族多居之者兒子未
長成前可資其省視不顧遷葵也叅判公捐世洪夫人
病篤不能省事又無子命之
四

衣服飲食不令豐侈曰他日為寒士妻當能長如此
此歸我先祔君誠之曰爾家禮法家無或違婦道以
羞吾其訓誨如此故大夫人時年十四而甚得夫族
稱譽丁丑虜變先祔君殉節江都大夫人方姙娠及
月在洪夫人所寓浦口得船先陷禍時兄纔五歲
不肖萬重未離于腹也亂定攜二孤兒歸依父母膝
下乃左右洪夫人經理家事外奉養泰判公能養志
如古孝子得間輒披閱書史以自娛日蓋淹博修是

先妣行狀草

大夫人姓尹氏系出善山之海平高祖諱○○領議政海原府院君諡文靖曾祖諱○領議政諡文翼皆有功德繼禰賢相祖諱○○尚 宣祖女貞惠翁主封海嵩尉以文名世諡文穆皇考諱○ 仁祖朝名臣官至吏曹參判妣貞夫人南陽洪氏京畿監司諱○○之女參判公無他子女貞惠翁主無他孫唯大夫人一人故主親抱養之口授小學書大夫人聰明夙惠一教輒上口主常曰惜哉其為女子也及趙長

貞敬夫人海平尹氏行狀

부록 3
▫ 서원부부인 청주한씨 개탁서

　개탁서의 '개탁開柝'은 '봉한 편지나 서류를 뜯어서 본다.'는 뜻이다. 다음에 수록된 개탁서(편지)는 조선시대 숙종의 모후인 명성왕후(곧, 현종비)가 보낸 것인데, 이 편지를 수신한 서원부부인西原府夫人은 청주한씨淸州韓氏로, 광성부원군光城府院君 김만기金萬基의 부인이며, 정경부인 해평윤씨海平尹氏의 맏며느리이다.

서원부부인 청주한씨 개탁서
西原府夫人 清州韓氏 開坼書

(언문)개탁서 1

네
덕종대왕 영정을 승하하신 후 그려드린 일이 있으니
이제 인경왕후 영정을 그려두고자 하는 의사가 벌써부터 있던 중
마침 왕후 동기지친이 그림을 잘 그리는 이가 있사오니
정히 내가 생각한 말을 할 때이니 이렇게 친히 적습니다.
근봉
서원부부인 열어보시오.

개탁서開坼書 2

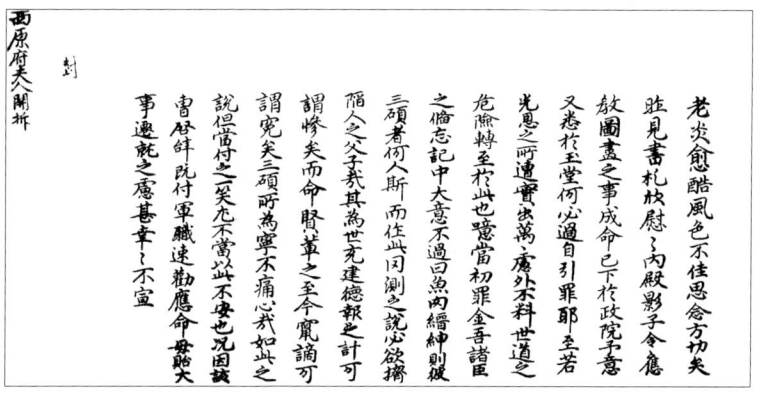

편지 내용은 안부 뒤에 영정 그리기를 지시한 것과 아들 광은군(시호 경헌공 김진구)의 피화被禍 사실에 대한 걱정과 앞일을 말한 것이다.

　더위가 더욱 가혹하여 풍색風色이 좋지 않으므로 우려된 마음 간절하였습니다만, 어제 보내주신 서찰을 보고 매우 위로가 되었습니다. 내전內殿의 영정影幀은 응교應敎가 그리라는 명命이 있어 정원政院으로 하달되었고, 나의 뜻을 또 옥당玉堂으로 모두 알렸는데 어찌 과하게 그 죄를 말하고 있습니까? 광은군光恩君이 당한 일은 참으로 뜻밖에 생긴 일이니 세상이 위험하기가 이런 지경에 이른지도 몰랐습니다. 아…… 당초의 죄는 금오의 제신들에 관한 비망기 중에 대의大意를 들면 '진신縉紳들을 어육魚肉으로 삼는다면 저 세 사람의 석보碩輔는 어떤 사람이기에 이와 같은 망측罔測한 설說을 지어내어 반드시 남의 부자父子를 모함한 것일까?'라고 하였습니다. 그가 세충世充을 위해 덕으로 보답하려고 건의하는 계획은 가히 참혹하다고 말할 수 있을 것입니다. 그리고 명현明賢 등이 지금까지 유배流配되어 있으니 가히 원통하다고 할 것입니다. 세 사람의 석보碩輔가 처한 일은 어찌 통탄하지 않을 수 있겠습니까? 이와 같은 설은 당연히 일소一笑에 붙일 일이며 당연히 이런 일로 불안해 할 일이 아닙니다. 하물며 해조該曹의 계사啓辭로 인하여 이미 군직軍職으로 임명하였으니, 속히 하명下命에 응하도록 권고하여 대사大事를 지연시키지 않는 것이 매우 다행할 것입니다. 이만 더 아뢰지 않습니다.

주석

[유교문화의 전통과 광산김문] - 최근덕

1) 『周禮』, 「地官」, 小司徒, "上地家七人."
2) 『周禮』, 「地官」, 小司徒, "有夫有婦然後爲家."
3) 『詩經』, 「周頌」: 承世之辭.
4) 『詩經』, 「召南」, 桃夭 注: 家謂一門之內.
5) 親親而愛民은 가까운 사람과 가깝게 지내고 다른 사람에게도 그 사랑을 확충해 가는 것이다.
6) 老吾老 以及人之老 幼吾幼 老吾老 以及人之老 幼吾幼 以及人之幼.
7) 栗谷 李珥의 『擊蒙要訣』에 나오는 말로, 君子가 그 몸가짐을 단정히 함에 있어 취해야 할 9가지 자세(足容重, 手容恭, 目容端, 口容止, 聲容靜, 頭容直, 氣容肅, 立容德, 色容莊)이다.

[17세 청상으로 평생을 헌신한 양천허씨] - 이철성

1) 『세종실록』 권7, 세종 2년 1월 경신.
2) 지두환, 「고려시대 사족세력의 형성과 변천-광산김씨를 중심으로」(I), 『역사교육논집』 14, 2001.
   지두환, 「고려시대 사족세력의 형성과 변천」(II), 『역사교육논집』 15, 2002.
   이수건, 「광산김씨 예안파 세계와 그 사회 경제적 기반-김연가문의 고문서 분석-」, 『역사교육논집』 1, 1980.
   허흥식, 「고려 호구단자의 신례(광산 金璉, 金稹)와 국보호적과의 비교분석」, 『사총』 21, 1977 참조.
   김용섭, 「고려 충렬왕조의 <光山縣題詠詩序>의 분석-신라 金氏家 관향의 光州地域 정착과정을 중심으로」, 『역사학보』 172, 2001.
3) 『고려사』 권110, 열전 제23 김태현전.
4) 김용선 편저, 『고려묘지명집성』 김광재묘지명, 한림대, 1997, 262~265쪽.
5) 『고려사』 권104, 열전 제17 김방경전.
6) 『신증동국여지승람』 권35, 전라도 광산현 인물 고려.
7) 『고려사』 권104, 열전 제17 김주정전.
8) 『고려사』 권26, 세가 제26 원종 2 원종 5년 5월 무술; 『고려사』 권73,

지 제27 선거 1 과목 1.
9) 『고려사』 권104, 열전 제17 김주정전.
10) 『고려사』 권104, 열전 제17 김주정전.
11) 『고려사』 권33, 세가 제33 충선왕 1 충선왕 원년 4월 신미.
12) 『고려사』 권35, 세가 제35 충숙왕 2 충숙왕 15년 4월 무술.
13) 『조선금석총람』 하 神光寺 事蹟碑.
14) 『고려사』 권104, 열전 제17, 김주정전.
15) 『고려사』 권40, 세가 제40 공민왕3 공민왕 12년 윤3월 을유.
16) 『고려사』 권40, 세가 제40 공민왕4 공민왕 14년 7월 경진.
17) 『고려사』 권126, 열전 제39 간신 2 임견미.
18) 『고려사』 권137, 열전 제50 신우 14년 6월 병오.
19) 『정종실록』 권4, 정종 2년 4월 신축.
20) 『고려사』 권107, 열전 제20 원전 ; 『고려사』 권38, 공민왕 1 공민왕 원년 10월 임인.
21) 성현, 『용재총화』 권3, 김부정허.
22) 『고려사절요』 권33, 신우 4 무진 신우 14년(1388) 대명 홍무 21년.
23) 『고려사』 권137, 열전 제50, 신우 14년 6월 병오.
24) 『양촌선생문집』 제31권 上書類.
25) 『증보문헌비고』 권198, 선거고 15, 천용 1 조선 『경국대전』 ; 『증보문헌비고』 권221, 직관고 8 관각 2 예문관 조선.
26) 『고려사』 권78, 지 제32 식화 1 전제 녹과전.
27) 『태종실록』 권11, 태종 6년 6월 정묘.
28) 『태종실록』 권22, 태종 11년 10월 병신.
29) 『신독재전서』 제7권, 墓碣銘.
30) 『신독재전서』 제15권, 附錄 年譜 상.
31) 『세종실록』 권7, 세종 2년 1월 경신.
32) 박주, 『조선시대의 旌表政策』, 일조각, 1990.
33) 이정주, 「전국지리지를 통해 본 조선시대 忠, 孝, 烈 윤리의 확산양상」, 『한국사상사학』 28, 2007 참조.
34) 『新增東國輿地勝覽』 권18, 충청도 연산현 열녀.
35) 『東國新續三綱行實圖』 열녀 조선 士人 金問 妻 許氏.
36) 동국신속삼강행실찬집청식궤』 광해 7년.
37) 영사암 및 그 자료에 대해서는 이해준, 「光山金氏 墳菴 '永思菴' 資料의 性格

-충남 논산지역 광산김씨 사례-」, 『고문서연구』 25, 2004가 참고된다.

[조상 김종서의 신원을 위해 절사한 순천김씨] - 한기범

1) 豆溪는 光山金門의 세거지의 하나로 沙溪古宅이 있는 유서 깊은 곳이고, 두계에 위치한 염선재는 사계의 둘째 부인인 순천김씨의 재실이다.
2) '순천김씨'는 한 개인에 대한 칭이 될 수도 있지만, 그것은 또한 한 가문의 대명사일 수 있으므로, 본고에서는 혼선을 피하기 위하여 김씨부인을 그의 재실 이름을 따서 '念先齋'로 칭하여 구분하고자 한다. 염선재는 '선조를 간절히 생각하는 사람의 재실'이라는 의미를 함유하여 염선재 김씨의 생애에 꼭 맞는 이름으로 생각된다.
3) 『光山金氏良簡公派譜』(2010년 간행본) 卷4, 金長生 條 참조.
4) 『潛昭錄』은 上下 2권 1책으로 된 순천김씨의 일대기를 모은 자료집이다. 여기에는 현종 12년(1671) 豆溪公 金槃(순천김씨의 5子)가 지은 염선재의 墓誌文과 遺事를 비롯하여, 후대에 추가된 身後文字, 고종의 贈貞夫人 敎旨, 후대인의 순천김씨 顯彰文 등이 수록되어 있다. 이 책은 1906년 순천김씨가 貞夫人으로 贈職된 후, 후손 金來鉉 金轍鉉 등의 주선에 의하여 제작된 것으로, 101쪽 분량의 木版本 漢籍이다.
5) 본고에서 참고한 문중자료는 『順天金氏持平公派譜』(全), 『順天金氏世蹟總攬』, 『光山金氏良簡公派譜』(卷4), 『光山金氏族譜』 卷1(潛昭錄收錄 分) 등이다.
6) 『朝鮮王朝實錄』은 조선왕조의 正史이고, 『輿地圖書』는 18세기 중엽의 전국의 邑誌를 모은 책이다. 그리고 『五倫行實圖』는 오륜의 실천이 출중한 역대 인물들의 절행을 그림으로 그려 설명한 책자로서, 정조 21년(1797) 이병모 등이 왕명에 의하여 『三綱行實圖』와 『二倫行實圖』를 합하여 수정, 편찬한 책(5권 4책)이다. 『삼강행실도』는 세종 때 설순이 지은 것이고, 『이륜행실도』는 중종 때 조신이 편찬한 것이다.
7) 『순천김씨 지평공파보』 및 『잠소록』에 의하면 남양홍씨 홍천옥은 號가 養眞堂이며 벼슬은 贈判尹이다.
8) 은진 채운리는 지금의 충남 논산시 강경읍 채운동이다.
9) 『順天金氏持平公派譜』(1983년 증보판) 참조.
10) 위와 같음. 이하의 순천김씨의 가계 기록은 특별한 각주가 없는 경우 대개 이 파보에 준한 것임.
11) 김태영의 묘소는 공주 요당면 율곡리(지금의 공주시 장기면 대교리) 후록에

있다. 부인 증 정부인 선산김씨의 묘와 합폄되어 있으며, 김씨부인의 외조는 밀직 전의이씨 이자화이다.
12) 『단종실록』 8권, 단종 1년(1453) 10월 16일(기해).
13) 임선빈, 「절재 김종서와 공주」, 『절재 김종서의 재조명』, 충남역사문화연구소, 2001 참조.
14) 『順天金氏 忠翼公派譜』 卷1, 「一門同禍錄」.
15) 김종서의 차남인 승벽의 세 아들(次同, 三同(澎), 四同)과 삼남인 승류 부자(승류와 효달)는 요행히 은둔하여 몸을 피하였으나 그들의 거친 고행의 길은 불을 보듯 뻔한 것이었다.
16) 여기서의 김익량은 염선재 순천김씨의 손자뻘이 된다.
17) 『영조실록』 10권, 영조 2년(1726) 8월 6일(을축).
18) 『懷德邑誌』(18世紀 中葉).
19) 「雙淸堂記」(朴彭年 撰). 오늘날까지도 '淸風明月'은 충청도의 人心과 忠淸精神을 대표하는 상징적인 단어가 되고 있다. 그 연원이 어디인지에 대해서는 아직 정설이 없지만, 여기에 나오는 '懷德의 雙淸堂'은 그 연원의 하나라고 생각된다. 그것이 조선초기 節義의 상징인 朴彭年에 의하여 자세히 설명되고 천명된 바이기 때문에 더 의미가 크다고 할 수 있다.
20) 송용재, 「송촌의 인물」, 『송촌의 인물과 유적』, 지평공 송계사 조, 향지문화사, 1996, 21쪽.
21) 昇平金氏로의 변성명 사실은 『潛昭錄』 上卷 序文에 보인다. 그리고 『順天金氏持平公派譜』에 의하면 幸南의 원래의 이름은 末同이었다. 형들의 이름(萬同, 祖同)과 비교해 보면, '행남'은 본래의 성명을 숨기기 위해 이름을 고친 것으로 보인다.
22) 『潛昭錄』, 「順天金氏 墓誌文」(豆溪公 金槃 撰, 1671).
23) 『女則』은 唐나라 文德 長孫王后가 지은 것으로, 婦人의 善行을 모아 기록한 10篇으로 된 冊이다.
24) 『恩津宋氏世蹟錄』, 「恭人金氏 墓表」.
송용재, 「송촌의 인물」, 『송촌의 인물과 유적』, 지평공 송계사 조, 향지문화사, 1996, 21쪽.
25) 김행남이 부안 위도에 들어가 아들 도를 낳고 도가 만년에 은진으로 이거하였다고 하였다.
26) 다만 이런 사실이 잘 알려지지 않은 것은 아직 김종서가 신원되지 않은 탓도 있겠으나 계유정란 때 송계사가 원종공신으로 책록되어 있어서 더욱

난처했을 것으로 사료된다. 당시의 정란 원종공신은 수백에 이르는데 아마도 회유차원에서의 무더기 조치였을 가능성이 없지 않다.

27) 「여지도서」 충청도, 은진현편.
28) 『順天金氏持平公派譜』(1983년 증보판).
29) 『潛昭錄』, 順天金氏 墓誌文(김규 찬, 1671).
30) 당평군 홍천옥은 현재의 남양홍씨 족보(13개 派譜)나 『선무원종공신록』 등에서 그 이름이 확인되지 않는다. 때로는 역사적으로 주목할 만한 인물임에도 불구하고 간행된 해당 가계의 문헌에 그 내용이 전해지지 못하는 사례가 없지 않다. 이것은 앞으로 문중사나 인물사, 또는 지방사 연구에서 주목해야 하고 시간을 가지고 충분히 정리해 가야 할 과제라고 생각된다. 여기에 김수언의 장인 홍천옥의 호가 양진당이고, 앞에서 본바 김수언의 호가 또한 '양진'이라면 김수언의 처가 무남독녀였고 사위 김수언이 홍천옥의 가계와 재산을 계승한 것이 아닌가 한다.
31) 『潛昭錄』, 贈 貞夫人 順天金氏 先祖妣 史績.
32) 지금의 주소는 충남 논산시 강경읍 채운동이다.
33) 남양홍씨 홍천옥은 號가 養眞堂이며 벼슬은 贈判尹이다.
34) 『節齋先生實記』卷4, 「參議公事實」, 兵曹參議 金公忠義傳.
『順天金氏 持平公派譜』, 金秀彦 條 記事.
35) 두계공의 '김씨부인 遺事'에 의하면 김집은 염선재를 '小母'라고 칭하였다. 어렸을 때 염선재의 보살핌이 있었을 것임을 시사하는 대목이다.
36) 계유정란을 이른다. 이것은 단종 1년(1453) 수양대군이 왕위를 찬탈하기 위하여 단종을 보필하던 김종서 황보인 등을 반역으로 몰아 무참하게 숙청한 정변을 이르는 말이다.
37) 『潛昭錄』, 「(順天金氏) 遺事」(金榘 撰, 1671).
38) 족보에서는 이때의 '擧義'가 무슨 擧義인지를 구체적으로 밝히고 있지 않으나, 그것이 계해년(1623)이라면 그것은 인조반정일 것이다. 인조반정은 서인이 주도하고 남인이 이에 동조하여 성공한 정변이다. 반정의 주역은 대개 사계의 지구와 문인이었다. 따라서 반정 초기에 사계는 이들에게 글을 보내서 반정의 방향을 제시하였고, 그 자신이 산림으로 출사하였다.
39) 『順天金氏持平公派譜』, 金秀彦 條 및 金致霖 條.
40) 『潛昭錄』, 「(順天金氏) 遺事」(金榘 撰, 1671).
41) 위와 같음.
42) 위와 같음.

43) 여기서의 先子는 돌아가신 아버지에 대한 칭호로 이 글에서는 사계 선생을 말한다.
44) 여기서의 先慈는 돌아가신 어머니에 대한 칭호로 이 글에서는 김씨부인을 말한다.
45) 『潛昭錄』,「(順天金氏) 遺事」(金槃 撰, 1671).
46) 이것은 순임금이 나이 50이 되어서 부모를 생각하며 눈물을 흘렸다는 고사를 인용한 것이다. 나이 50에 부모를 간절히 생각하는 것도 어려운 일이지만, 평생을 먼 선조를 생각하는 것은 더 어려운 일이라는 의미이다.
47) 親狎은 너무 가까워 도에서 벗어난 언행을 말한다.
48) 『광산김씨 양간공파보』, 金槃 조.
49) 『양성당제영』의 글은 '沙溪十詠'이라고도 한다. 이 전적은 사계 김장생이 국내의 명사 10여 인의 시문을 받아 양성당(사계 김장생이 연산 임리에 세운 서당)에 건 것인데, 1636년에 金棐(김장생의 막내아들)가 제영이 인멸될까 염려하여 베껴 써서 책으로 묶은 것이다. 이 전적은 돈암서원의 연혁과 이후의 양성당 건립사실 등을 담고 있는데, 현재 金英漢(대전광역시 대덕구 중리동 거주)이 所藏하고 있다.
50) 위와 같음.
51) 沙溪(金長生)의 경우 異母所生 兄弟들의 이름은 義孫, 燕孫, 慶孫, 平孫이다.
52) 염선재 순천김씨의 구체적 節死 과정과 실상은 다음 3절에서 상론하였다.
53) 三從之義는 전통시대에 여자가 따라야 하는 세 가지 법도이니, 어려서는 부모를 따라야 하고, 결혼해서는 남편을 따라야 하며, 남편이 죽은 후에는 자식을 따라야 한다는 것이다.
54) 중종비 신씨(1487~1557)는 신수근의 딸이다. 1506년 진성대군이 중종으로 추대되자 왕후에 올랐으나, 아버지(신수근)가 연산군의 매부로 연산군 축출을 위한 반정모의에 반대하였다 하여 성희안 등에게 살해되면서 공신들의 압력으로 폐위되었다. 장경왕후 윤씨의 죽음을 계기로 金淨·朴祥 등이 복위운동을 폈으나 뜻을 이루지 못하였다. 신씨는 이후 영조 15년(1739)에 端敬王后로 복위되었다.
55) 『중종실록』 29권, 중종 12년(1517) 8월 5일(무신).
56) 위와 같음.
57) 『숙종실록』 32권, 숙종 24년(1698) 10월 29일(경오).
58) 『숙종실록』 10권, 숙종 6년(1680) 12월 22일(정미).
59) 『효종실록』 19권, 효종 8년(1657) 10월 25일(갑오).

60) 여기서의 이선은 효종대에 우의정을 지낸 李厚原의 아들이다. 이후원은 허주 김반의 사위이니 곧 사계 김장생의 손자사위가 된다. 김반은 겨우 일곱 살 때 어머니 조씨부인을 여의었고, 그때 염선재가 小母가 되었던 것이니 어떤 형태로든 양육의 은혜가 없지 않았을 것이다. 그런 인연에서인지 이후원–이선 부자의 절재 김종서 및 사육신에 대한 신원의 노력은 각별했다. 위에서 이선이 말한 세조의 "박팽년 등은 오늘의 난신이고 내일의 충신이다."라는 말도 이미 이후원이 박팽년 등의 포장을 주장하면서 효종의 조정에서 진언하였던 말이었다.
61) 『숙종실록』 42권, 숙종 31년(1705) 6월 10일(임인).
62) 『숙종실록』 47권, 숙종 35년(1709) 6월 23일(임술).
63) 『숙종실록』 63권, 숙종 45년(1719) 4월 30일(임신).
64) 『숙종실록』 64권, 숙종 45년(1719) 7월 24일(을미).
65) 『경종실록』 7권, 경종 2년(1722) 4월 14일(무진).
66) 『영조실록』 7권, 영조 1년(1725) 8월 5일(경오).
67) 『영조실록』 64권, 영조 22년(1746) 12월 27일(무자).
68) 위와 같음.
69) 위와 같음.
70) 『영조실록』 66권, 영조 23년(1747) 11월 28일(갑인).
71) 『영조실록』 106권, 영조 41년(1765) 11월 28일(기해).
72) 『順天金氏持平公派譜』, 「節齋先生實記」.
73) 『潛昭錄』, 연산유생상소.
74) 예컨대 효종 4년(1653) 동춘당 송준길은 아버지의 여막인 憂樂齋에 있다가 불현듯 8대조 할머니 고흥유씨의 출중한 '節行'을 생각해 내고는 "우리 선조비께서 정절을 지킨 열렬한 행실이 옛 사람에게 비교하여도 부끄러움이 없거늘 오히려 묻혀 있으니 무릇 우리 자손들이 장차 무엇으로 속죄하겠는가?"라 하였다. 그리하여 그는 이 사실을 효종에게 간곡히 진언하여 烈婦旌閭를 받게 함으로써 해묵은 가문의 염원을 이루었던 것이다(한기범, 『조선의 큰 선비 동춘당 송준길』, 종려나무, 2006).
75) 『潛昭錄』, 序(金德洙 撰).

[조선 여성의 정절을 드러낸 연산서씨] - 송백헌

1) 허주 김반은 1640년 4월 5일에 타계하여 대전시 유성구 전민동 구 회덕현

貞民里 壬坐에 葬하였다.
清陰 金尙憲이 신도비명을 짓고 仲兄 文敬公 集이 묘표와 묘지문을 지었다.
2) 한기범 외, 『유성의 인물과 정신』, 유성문화원, 2007. 12. 29.
한기범 외, 『전민동 삼강 충·효·열 유적의 인물과 정신』, 서포선생기념사업회, 한남대충청학연구소, 2008. 4.
여기서 묘원조성 배경에 대하여 당시에 충청관찰사로 재임 중이던 완남부원군 李厚源 관청 소유인 정민역이 자리한 이곳을 장모인 서씨부인과 처남의 장지로 정하고, 대신 정민역을 현재 엑스포 아파트 뒤편으로 옮겼다고 하였다.
3) 連山徐氏族譜(癸巳譜). 1773년(영조 49) 2권 중 1권. 이 족보는 국사편찬위 지방자료조사위원회 대전, 충남 지회장을 역임한 徐奉植이 소개한 자료임.
4) 澍와 初配 동래정씨 사이에는 2남 1녀가 있고, 繼配 광주이씨 사이에는 4녀가 있다. 따라서 허주의 부인은 광주이씨 소생임을 알 수 있다.
5) 金益熙, 「家狀」, 『光山金氏文獻錄』 역본(전), 보전출판사, 1983. 4, 157쪽.
6) 金尙憲, 參判 虛舟公 諱槃 神道碑銘 幷書, 『光山金氏虛舟公派譜』 首卷, 165쪽.
7) 宋百憲, 「유성지역의 충·효·열」, 『유성의 인물과 정신』, 유성문화원, 2008. 12, 228쪽.
8) 송백헌, 같은 책, 같은 면. 뒤에 익겸은 議政府 領議政 光源府院君에 증직되고 忠正이라는 諡號가 내려졌다.
9) 송백헌, 같은 책, 같은 면.
10) 忠淸南道 道先生案에 따르면 그의 충청관찰사 재임기간은 1639년(인조 17)에서 1641년(인조 19)이다.

[두 아들을 대제학으로 길러낸 장한 어머니 해평윤씨] - 설성경

1) 선조와 인빈 김씨(1555~1613)의 소생으로는 의안군, 신성군, 복성군, 정원군, 의창군이 있고, 정신옹주, 정혜옹주, 정숙옹주, 정안옹주, 정휘옹주가 있다.
2) 이명구, 「서포와 정경부인윤씨행장」, 『김만중연구』, 새문사, 1983, 2~29쪽.
3) 김진규, 『대부인행장습유록』.
4) 위와 같음.
5) 김병국 외, 역, 『서포연보』, 서울대출판부, 1992, 28쪽.
6) 김만중, 『정경부인윤씨행장』.

7) 김진규, 『대부인행장습유록』.
8) 김진규, 『문효공휘만중행장』.
9) 김진규, 『대부인행장습유록』.
10) 김진규, 『대부인행장습유록』.
11) 김진규, 『문충공휘만기 가장』.
12) 김진규, 『문효공휘만중 행장』.
13) 위와 같음.
14) 김진규, 『문효공휘만중 행장』.
15) 김진규, 『문충공휘만기 가장』.
16) 이명구, 「서포와 정경부인윤씨행장」, 『김만중연구』, 새문사, 1983, 2~35쪽.
17) 송백헌, 「서포가문 행장문학 연구」, 어문학 4호, 한국어문학회, 1976, 174쪽.
18) 김만중, 『정경부인윤씨행장』.
19) 김진규, 『대부인행장습유록』.
20) 위와 같음.
21) 위와 같음.

[서포가문 여성 행장문학의 성격] - 송백헌

1) 冢婦 : 正室 맏아들의 아내.
2) 이 제목은 필자가 잠정적으로 붙인 것이다.
3) 趙潤齋 저, 「古代文鑑」, 「國文學槪說」 등에 소개한 바 있음.
4) 일반적으로 '家門小說', '家門文學', '記錄文學' 등 여러 명칭으로 불리고 있으나, 그 내용의 성격으로 보아 '家傳文學'이라는 명칭이 타당할 것 같다.
5) 于歸 : 신부가 처음으로 시집에 들어가는 일.

색인

ㄱ

가家 12, 13, 14
가격家格 15
가도家道 16
가묘 43
가문家門 13, 16, 17, 23, 25, 43, 44, 46, 52, 65, 67, 96, 107, 108, 110, 114, 118, 125, 128, 134, 136, 142, 143, 148, 150, 153, 154, 155, 157, 160, 161, 168, 171, 173, 196
가부장제家父長制 12
가통家統 12, 13, 20, 148, 153
가통의식家統意識 16
가풍家風 16, 46, 110, 165, 171
갑족甲族 18
개가改嫁 43, 48, 49, 51, 53, 83
거공거경巨公巨卿 18
거상居喪 34
건암健菴 147, 172, 173
계유정란癸酉靖亂 23, 64, 67, 68, 91
곡읍哭泣 28, 48
과실상규過失相規 17
관작官爵 15, 91, 93, 94
관찬사서官撰史書 47
관찬지리지官撰地理誌 47, 50
관향貫鄕 18
광산김씨光山金氏 17, 18, 29, 31, 40, 43, 46, 47, 53, 65, 106, 107, 108, 110, 115, 117, 118, 120, 124, 125, 149, 154
구용九容 22
구운몽九雲夢 25, 150
군신대의君臣大義 91
권문세족權門勢族 31, 35
권순장權順長 112
기묘사화己卯士禍 86, 89, 103
기호학맥畿湖學脈 64
길제吉祭 81, 82, 102
김만기金萬基 24, 124, 126, 130, 131, 132, 135, 136, 147, 151
김만중金萬重 23, 24, 124, 127, 128, 131, 132, 136, 143, 146, 149
김문金問 23, 28, 39, 41, 42, 43, 44, 45, 48, 50, 51, 55, 56
김반金槃 23, 103, 106, 107, 111, 113, 114, 125, 126, 129, 130, 136
김상용金尙容 111, 112, 126
김상헌金尙憲 111, 156
김수운金水雲 52
김수金須 36
김승규金承珪 67, 95
김신호金信豪 52
김익겸金益兼 23, 24, 125, 126, 128, 136, 143
김익희金益熙 126, 136
김장생金長生 19, 53, 64, 68, 73, 81, 102, 125, 126, 149

김종서金宗瑞 23, 24, 64, 65, 66, 67, 68, 69, 71, 74, 75, 87, 88, 89, 90, 91, 92, 93, 94, 97, 98, 101, 102, 103
김진규金鎭圭 92, 93, 124, 128, 145, 151
김집金集 43, 44, 47, 48, 53, 77, 103
김총金摠 66
김춘택金春澤 148, 176
김치기金恥其 115, 116
김태영金台泳 66, 67

ㄴ

난신亂臣 88, 89, 90, 91
남귀여가혼男歸女家婚 67
노산군魯山君 75, 87, 88, 89

ㄷ

단식절사斷食節死 72, 79, 84
단종端宗 24, 59, 64, 67, 68, 75, 79, 87, 88, 89
단지斷指 50
대대공경代代公卿 18
대의大意 89, 90
대제학大提學 19, 20, 25, 33, 37, 108, 118, 120, 124, 128, 133, 134, 136, 156, 159
대종大宗 29
덕업상권德業相勸 17
돈목敦睦 169, 171

동국문감東國文鑑 33
동국신속삼강행실도東國新續三綱行實圖 23, 28, 47, 51, 52, 59
동반절사同伴節死 85
두문동杜門洞 72현賢 19, 40

ㅁ

명가名家 17, 124, 125
명문名門 18, 20, 22, 25, 31, 45, 173
명분名分 64
명분사회名分社會 64
명족名族 17
명족명담名族名談 19
모권母權 16
문무관文武官 15
문벌귀족門閥貴族 29
문생門生 39, 40, 43
문중門中 12, 17, 19, 28, 65, 67, 118, 141, 142
문지門地 12
민심언閔審言 115, 116

ㅂ

배불론排佛論 42, 43
벌열가문閥閱家門 17
법통法統 29
병필지임秉筆之任 42
본관제도本貫制度 29
본적本籍 29
북헌北軒 147, 148, 149, 151, 172, 176

분재기分財記 16
불의不義 89, 104

ㅅ

사계가문沙溪家門 64
사당祠堂 13, 21, 45, 72, 80, 92, 101
사씨남정기謝氏南征記 25, 151
사찬지리지私撰地理誌 47
산림山林 64
삼강행실도三綱行實圖 51, 58, 84
삼강행실록三綱行實錄 50, 51
삼종지도三從之道 83, 85
삼한갑족三韓甲族 17, 108, 110, 118
상례비요喪禮備要 78, 102
상식上食 81
생정려生旌閭 72, 73, 80
서씨부인徐氏夫人 24, 106, 107, 108, 109, 110, 111, 112, 113, 115, 117, 118
서원부부인행록西原府夫人行錄 142, 147, 151, 152, 175
서인계西人系 64
서인당西人黨 76
서포西浦 23, 24, 25, 124, 128, 136, 141, 143, 144, 145, 149, 150, 151, 172
서포가문西浦家門 140, 141, 143, 148, 149, 150, 151, 153, 154, 157, 160, 161, 165, 167, 168, 171, 172, 173, 174, 175
석학대덕碩學大德 19

선조비先祖妣 43, 44, 45, 46, 47
성리학性理學 64
소종小宗 29
송갑조宋甲祚 71, 73
송계사宋繼祀 67, 68, 69, 71
송시열宋時烈 19, 68, 71, 78, 102, 136
송유宋愉 67, 68, 69
송이창宋爾昌 71, 73
송준길宋浚吉 19, 71, 90, 91, 136
수신修身 12
수양대군首陽大君 64, 67, 68
순손順孫 47
순천김씨順天金氏 23, 64, 65, 66, 67, 71, 72, 74, 77, 81, 85, 86, 87, 93, 96, 97, 98, 100, 101, 102, 103, 104
숭조돈목崇祖敦睦 114
시례詩禮 46
신원伸寃 23, 24, 64, 71, 74, 75, 78, 81, 87, 89, 92, 94, 95, 96, 101, 102, 103
신유학新儒學 29, 40
신증동국여지승람新增東國輿地勝覽 47, 50, 51, 70
신흥사대부新興士大夫 40

ㅇ

양천허씨陽川許氏 23, 28, 39, 41, 42, 43, 44, 47, 48, 50, 53, 60
여사女士 101
여중군자女中君子 133, 143, 152, 158, 159

여지도서輿地圖書 47, 50, 51, 65, 70
여칙女則 70
연산서씨連山徐氏 23, 108, 110, 113, 118, 120
연산連山 17, 20, 28, 40, 41, 42, 43, 44, 46, 48, 53, 107
열행烈行 28, 46, 82, 84, 101, 111, 112
염선재念先齋 23, 24, 64, 65, 66, 70, 71, 72, 73, 74, 75, 76, 77, 78, 79, 80, 81, 82, 85, 86, 87, 88, 95, 96, 98, 99, 100, 101, 102, 103
예속상교禮俗相交 17
예속禮俗 12
오륜행실도五倫行實圖 65, 84
용재총화慵齋叢話 39
원종추숭논쟁元宗追崇論爭 76
유교문화儒敎文化 20, 22
유교이념儒敎理念 48, 64
유복자 24, 127, 143, 144
유인孺人 15, 97
유종儒宗 19
육례六禮 12
윤씨부인尹氏夫人 24, 25, 125, 126, 127, 128, 129, 130, 131, 132, 133, 134, 135, 136, 143, 144, 145, 147, 150, 151, 155, 156, 162, 163, 164, 169, 171
은덕불사隱德不仕 69
의리義理 24, 34, 64, 74, 75, 77, 83, 84, 85, 86, 92, 101, 103, 104, 157
이신흠李信欽 52
이자화李子華 67
이징李澄 52

인연사상因緣思想 17
인척姻戚 13
일족一族 12, 13

ㅈ

자녀균분상속제子女均分相續制 16
잠소각潛昭閣 80, 101
잠소록潛昭錄 65, 80, 98, 99, 100, 101, 104
잠소부인潛昭夫人 80, 101
장자독점상속제長子獨占相續制 16
적전적傳 64
전민동田民洞 106, 112, 114, 115, 116, 117, 118
절의쌍절節義雙節 85
절행節行 23, 47, 50, 51, 80, 81, 84, 86, 87, 88, 95, 96, 101, 112, 113, 117, 146
정경부인한산이씨행록貞敬夫人韓山李氏行錄 148, 151, 152
정경부인해평윤씨행장貞敬夫人海平尹氏行狀 143, 177
정당문학政堂文學 39, 45
정려旌閭 46, 95, 96, 98, 101, 107
정문旌門 28, 48, 50, 51
정분鄭苯 68, 94
정통正統 29
정표정책旌表政策 48
정혜옹주貞惠翁主 124, 125, 127, 128, 143, 150, 155
제가齊家 12

제범帝範 94
조석상식朝夕上食 28, 48, 79, 82
조선왕조실록朝鮮王朝實錄 47, 48, 65
족속族屬 12
존양存養 22
종묘宗廟 69
종법宗法 29
종부宗婦 13
종부순사從夫殉死 84, 85
종부절사從夫節死 84, 86, 87, 102, 103, 104
종장宗匠 64, 103
주례周禮 12
주자성리학朱子性理學 29, 40
죽천竹泉 124, 128, 145, 147, 150, 151, 172
준재俊才 19
중자균분상속제衆子均分相續制 16
중흥명지中興名地 53
지공거知貢擧 30, 35, 36, 38, 39
직첩職帖 15

ㅊ

청빈검박淸貧儉朴 154, 162, 165
청상 23, 43, 124, 143
체백體魄 106, 114, 115, 118
충신지처忠臣之妻 85
측은지심惻隱之心 158, 159
친족親族 13
친친이애민親親而愛民 17

ㅌ

태부인행장습유록太夫人行狀拾遺錄 142, 145, 151, 175
택호宅號 15
토성土姓 67

ㅍ

팔조목八條目 12
포양襃揚 96
포증襃贈 96
표문表文 39
품행品行 12

ㅎ

한글가전문학家傳文學 142
할고割股 50
해평윤씨海平尹氏 23, 24, 25, 124, 125, 143, 149, 150
행장문학行狀文學 140, 141, 149, 151, 153, 154, 162, 171, 172, 173, 174
향약鄕約 17
허공許珙 42
허응許應 39, 42, 43, 50, 51
허통許通 88
혈통血統 15, 29, 64, 78
협제祫祭 81
환난상휼患難相恤 17
황보인皇甫仁 68, 89, 90, 91, 92, 94
황희黃喜 42

회덕懷德 67, 68, 69, 106, 114, 116
효孝 16, 49, 73, 79, 101, 166
효양孝養 166, 167

효열孝烈 65, 80, 81, 87, 96, 97, 98
훈친勳親 41